Abenteuer
ESKAPADEN
AUSZEIT
AUSGLEICH
Wochenende
LÄCHELN
STADT.LAND.
FLUSS.
FREE
ERLEBEN
KEIT
AF523083
GRÜN
kleine
Fluchten
Wege
Lebensfreude
NATUR
GLÜCK
von Marion Hahnfeldt

Nur ein paar Stündchen

Nix wie raus, ganz schnell ins Grüne. Auch mit wenig Zeit lässt sich Großartiges erleben. Kleine und große Abenteuer warten direkt vor der Haustür.

4H

Raus für einen Tag

Man muss nicht das Land verlassen, um neue Welten zu entdecken. Einfach mal einen Tag lang raus aus dem Alltagsallerlei und rein in die Natur.

12H

Ferien für ein Wochenende

Warum auf die große Auszeit warten, wenn man einen Wochenendtrip in der Nähe machen kann? Vergnügen, Abenteuer und Wohlgefühl kompakt und intensiv.

36H

LIEBE LESERIN, LIEBER LESER,

grüner wird's nicht! Viele Städte behaupten das ja gern von sich, für Hannover aber gilt es tatsächlich. Eine Stadt im Grünen, umgeben von Grün, der Grünflächenanteil ist bundesweit mit an der Spitze. Grüner wird's also nicht, und in diesem Büchlein hier alle besuchenswerten Plätze aufzuführen ist kaum möglich. Eilenriede, Masch, Maschpark, Herrenhäuser Gärten ... denn immer wenn man glaubt, alles gesehen zu haben, tut sich an einer anderen Stelle ein neues Naturwunder auf. Hannover ist nicht eine Reise wert, Hannover ist viele Reisen wert. Nichts ist doofer als Hannover? Quark. Herkommen, ausprobieren, Urteil revidieren.

Viele wunderbare Eskapaden in und um Hannover wünscht Ihnen

Marion Stahlfeldt

PS: Informationen zum GPX-Download gibt's auf Seite 224.

AUSZEIT.
ABENTEUER.
LEBENSFREUDE.

1. KAPITEL ABSTECHER

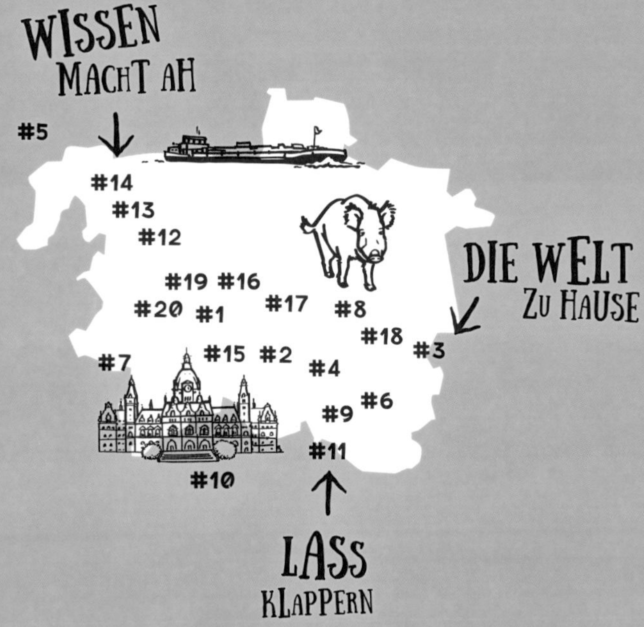

Nur ein paar Stündchen

Äpfel kauen auf der Wiese, barfuß durch den Park laufen, nach den Sternen greifen auf Hannovers Hausberg – so sehen perfekte kleine Auszeiten aus.

4H

Dem Himmel so nah

... auf der Kuppel am Neuen Rathaus

#1

Ganz neu ist das Neue Rathaus nicht mehr und vielleicht auch nicht der ganz große Geheimtipp. Aber oben – über den Dächern – sollte man dennoch einmal gewesen sein. Allein die Fahrt dorthin ist ein Erlebnis.

#pictureoftheday #Vogelperspektive #blaueStunde

Wenn Hannover einem zu Füßen liegt: Im Neuen Rathaus rauf mit dem Fahrstuhl - oben belohnt die Besucher ein sensationeller Rundumblick.

Der Blick geht weit – zu den Füßen der Maschpark, dahinter der Maschsee, rechts die Fußballarena, es ist eine Freude. Der Weg dorthin, hier hoch hinaus, ist abenteuerlich, mit Europas einzigem Schrägaufzug im Bogen entlang an der Kuppel. Es rumpelt und pumpelt dabei wie die Steine im Bauch von Rotkäppchens Wolf. Eine Minute geht es in leichter Schräglage nach oben, ein Gefühl dabei zwischen Glück und leichter Beklemmung, dann aber das Aha-Erlebnis. So hoch, so weit, den Wolken so nah, fast könnte man meinen, gleich abzuheben. Einem Vogel gleich nimmt man die Stadt aus einer Perspektive wahr, die einem sonst verborgen bleibt. Und man staunt, wie schön einem alles zu Füßen liegt.

Und plötzlich entdeckt man Dinge, die einem bislang verborgen blieben. Das florale Muster

Es heißt zwar Neues Rathaus, doch auch wenn es nicht altehrwürdig ist, so richtig neu ist es allerdings auch nicht mehr.

des Pflasters auf dem Rathausvorplatz etwa, oder wie die Grenze zwischen dem Teich im Maschpark und dem Maschsee beinahe verschwimmt. Am besten tritt man seinen Höhenflug gleich in den Vormittagsstunden an. Dann liegt der Tag noch als Ganzes vor einem, die Wartezeit vor der Auffahrt ist gering, und auch die Plattform hat man in Momenten wie diesen fast für sich allein. Perfekt, wenn man dafür sein Frühstück eingepackt hat. Ein Croissant, ein heißer Kaffee, der Blick unter blauem Himmel, Hannover, das ist versprochen, wird in der Erinnerung so unvergessen bleiben.

Auf 6026 Buchenpfählen ist das Neue Rathaus im Schlick der Leinemasch erbaut, und nach dem Ausflug aufs Dach geht es nun zurück nach ganz unten – ins Herz des Gebäudes. Dort schließt man die Augen und lässt das Innere auf sich wirken; hört das Gemurmel der Stimmen, den Hall der Schritte.

Vier Modelle sind in der Halle aufgebaut, die eindrucksvoll die Entwicklung der Stadt aufzeigen, vom Mittelalter über die Vorkriegszeit bis zur Neuzeit. Und wenn man nun sieht, wie weitgehend der Zweite Weltkrieg die Stadt zerstört hat, bekommt man ein Gefühl davon, warum Hannover heute so aussieht, wie es aussieht. Und wer mag, bucht noch eine Führung durchs Haus (www.hannover.de).

Zehn Millionen Mark kostete die Errichtung des Neuen Rathauses einst. »Und alles bar bezahlt«, ließ der Stadtdirektor den Kaiser zur Einweihung wissen. Was soll man sagen? Es war gut investiertes Geld.

FAZIT: HANNOVER OHNE NEUES RATHAUS IST WIE BERLIN OHNE FERNSEHTURM, WIE PARIS OHNE NOTRE-DAME.

Hin & weg: Vom Bahnhof sind es zum Neuen Rathaus zu Fuß etwa 20 Min. Alternativ die Stadtbahn 2 bis zur Haltestelle Kröpcke (U) und von dort weiter mit dem Bus 100 bis zur Haltestelle Rathaus/Bleichenstraße.

Beste Zeit: Frühling, Sommer. Achtung, witterungsbedingt ist von November bis März die Kuppelfahrt nicht möglich.

Dauer: Eine Weile, solange man mag.

Ausrüstung: Kamera und ein kleiner Snack.

EIN TRAUM IN WEIß

… zur Kirschblüte im Hiroshima-Hain

#2 *Ein Besuch der Alten Bult lohnt sich aus vielen Gründen. Wer aber im Frühling zur Kirschblüte kommt, erlebt einen besonderen Zauber auf der ehemaligen Reitbahn.*

#Lieblingszeit #Kirschblütenfest #springtime

Auf Schusters Rappen oder auf dem Pferderücken? Die Alte Bult lässt sich auf verschiedene Weise erleben.

Es ist eine Pracht. Das Weiß der Blüten vor dem strahlend blauen Himmel, Bienen summen, es wirkt, als habe man sich mal eben auf eine Obstplantage verirrt. Es ist Anfang April, und der Hiroshima-Hain auf der Alten Bult erstrahlt in bezaubernder Schönheit. Der Hain zählt insgesamt 110 Bäume, und dass sie sich an dieser Stelle hier befinden, kommt nicht von ungefähr. Hannover ist die Partnerstadt von Hiroshima, die Bäume erinnern an die 110 000 Japaner, die während des Atombombenabwurfs am 6. August 1945 in Hiroshima ums Leben kamen, jeder Baum steht dabei für jeweils 1000 Menschen, die unmittelbar nach der Explosion starben.

Etwa zehn Tage blühen die Bäume, und in Japan ist es Tradition, die Kirsche, die Blüte zu feiern. Sie steht für Schönheit, für Aufbruch und auch für Vergänglichkeit, weil die weißen und rosafarbenen Blüten schon nach wenigen Tagen ermattet zu Boden fallen.

Hannover hat die Tradition des Gedenkens und der Ehre übernommen; alle Jahre veranstaltet der Stadtteil ein Kirschblütenfest, und wer den Termin verpasst, organisiert sich sein eigenes. Am besten lädt man ein paar Freunde dazu, nippt gut gelaunt an Sake und isst etwas Sushi.

Der Hiroshima-Hain liegt nördlich der Alten Bult, und wer mag, startet seinen Spaziergang von der Bismarckstraße aus. Der Weg führt vorbei an einem Reitstall, an dem man sich quasi der Historie erinnernd ein Pony zum Ausreiten leihen kann; der Weg führt weiter geradeaus, vorbei an Büschen und Bäumen, und einen Augenaufschlag später ist der Hain auch schon erreicht. Wer nicht mit dem Fahrrad kommt, fährt alternativ mit der Stadtbahn bis zum Kinderkrankenhaus auf der Bult und erobert sich das Gelände von der anderen Seite, der Weg ist nicht zu verfehlen. Und dann steht man unter den Blüten, es ist ein Gesumme und Gebrumme, schön sieht das alles aus, und man tut es dem Paar dort hinten unter den Bäumen gleich und lässt sich auf der mitgebrachten Decke nieder.

Wer sich dann an den Kirschblüten sattgesehen hat, geht noch einmal um den ganzen Platz herum, liest die Tafeln zum Gedenken der Hiroshima-Opfer und sieht sich das Gelände genauer an. Früher war das Areal eine

Unter einem Himmel aus weißen Kirschblüten dem Frühling die Ehre erweisen: Mit einem Picknick wird auch der Alltag zum Urlaub.

Pferderennbahn, heute ist es ein Natur- und Landschaftsschutzgebiet, in dem sich Spaziergänger, Reiter und Hundebesitzer gleichermaßen treffen. An das Areal grenzt auch gleich die Eilenriede, einer der größten Stadtwälder Deutschlands.

FAZIT: PERFEKT FÜR EINEN NACHMITTAGSSPAZIERGANG.

Hin & weg: Anreise mit der Stadtbahn 4 bis Bismarckstraße oder mit der U8 bis Aegidientorplatz, dann weiter mit der U6 bis zum Kinderkrankenhaus auf der Bult.

Beste Zeit: Ideal im April, wenn die Kirschbäume blühen.

Dauer: 1 Std. Mit Fotopausen und Picknick gern auch 2 oder 3 Std.

Ausrüstung: Picknickdecke, Kamera.

→ Abstecher …

Tête-à-tête mit dem Kapitän

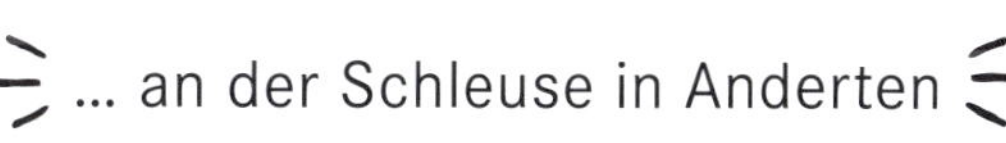

… an der Schleuse in Anderten

#3

Schleusen gibt es viele, kaum eine aber kann es mit der Imposanz der Schleuse in Anderten aufnehmen. Selbst wer sich nicht für die beeindruckende Architektur interessiert – mit dem Kommen und Fahren der Schiffe wird jeder Besuch zu einem Erlebnis.

#amFlussentlang #boatspotting #BesuchbeimKapitän #Schifffahrt

Ahoi, Kapitän, wohin geht die Reise? An der Schleuse in Anderten trifft sich die Welt.

Man mag ja einiges mit Hannover verbinden; Maschsee, Herrenhäuser Gärten, Expo oder Leibniz-Kekse, doch dass die Schifffahrt hier eine wichtige Rolle spielt, darauf kommt man nicht sofort. Gut zu sehen ist das an der Hindenburgschleuse, die heute aber anders heißt; der Namensgeber war zu sehr in den Nationalsozialismus verstrickt. Und da die Anlage im kleinbürgerlichen Stadtteil Anderten liegt, nennt sich das Ganze zumindest offiziell nun Schleuse Anderten.

Wer ihr dann das erste Mal gegenübersteht, ist einigermaßen überrascht. Wie aus der Zeit gefallen scheinen die in rot-weiß gestrichenen Maschinenhäuser, einer Armee gleich reihen sie sich am Kanal auf und stehen dem Reisenden Spalier. Der Mittellandkanal überwindet hier auf seinem Weg vom Ruhrgebiet zur Elbe einen Höhenunterschied von knapp 15 Metern. Viel Granit wurde hier verbaut, das Ganze ein technisches Wunderwerk seit der Eröffnung 1928.

Am besten kommt man in den frühen Abendstunden, dann liegt ein wunderbares Licht über der Anlage. Und mit etwas Glück trifft

Immer am Kanal entlang und den Pötten bei ihrer Reise zusehen.

man an einem der wartenden Pötte auf einen freundlichen Kapitän, der gegen einen Plausch nichts einzuwenden hat. Und vielleicht lädt er sogar ein zu einem Besuch an Bord, erklärt dies, erklärt das und erzählt bei einem Bier in der Kajüte von seinen Reisen, der Arbeit auf dem Schiff, dem Fernweh und seinem Frieden, den er auf dem Wasser fand.

Bis zu 22 000 Schiffe passieren die Schleuse im Jahr, sie kommen von überall aus Europa. Niederlande, Polen, Frankreich, Tschechien, Slowakei, die Welt zu Gast vor den Toren der Stadt. Etwa 15 Minuten dauern das Heben und das Senken, 40 000 m³ Wasser benötigt die Schleuse für den Transport der Schiffe von oben nach unten, von unten nach oben, und man selbst verbringt die Zeit als stiller Zuschauer am Ufer. Und während man so guckt und wartet, wartet und guckt, kommt es dann, das Fernweh. Es holt einen ein, trägt einen fort, fort auf die Schiffe, in Gedanken reist man mit und wird zu seinem eigenen Kapitän. Die Welt so nah – und zugleich auch fern.

FAZIT: KEIN GELD FÜR DEN URLAUB IN DER GROßEN WEITEN WELT? IN ANDERTEN TRIFFT SICH DIE WELT AN DER SCHLEUSE.

Hin & weg: Entweder aus der Stadt kommend mit dem Rad immer am Mittellandkanal entlang Richtung Westen oder mit dem Auto über die B65. Alternativ mit dem ÖPNV – mit der Stadtbahn 3 oder 7 bis Haltestelle Anderten-Misburg, dann Bus 370 bis zur Schleuse.

Beste Zeit: Ganzjährig.

Dauer: Bei Anfahrt mit dem Rad etwa 1,5 Std. pro Strecke, Aufenthalt je nach Lust und Laune.

Ausrüstung: Kamera, vielleicht ein kleines Picknick.

ALLES IN BALANCE

… auf dem Stadtfriedhof Seelhorst

Ein Friedhof ist üblicherweise nicht eben der Platz, auf dem Menschen ihre Freizeit verbringen. Der Friedhof Seelhorst aber ist sehr viel mehr als ein Ort der Trauer. Vor allem ist er ein wunderschön gestalteter Park und ein Ort des Friedens – und auch des Lebens.

#Ruhegenießen #Sonntagsspaziergang #Achtsamkeit #Frühlingserwachen

→ Abstecher

Ein Friedhof ist nicht ausschließlich ein Ort der Trauer – Seelhorst ist dafür das beste Beispiel.

F-r-i-e-d-h-o-f. Am besten lässt man das Wort zunächst langsam den Kopf passieren, bevor man eintritt in die Anlage. Um Frieden geht es darin. Um eine Stätte, an der man zur Ruhe kommt. Und das ist ja nichts ausschließlich Schlechtes, bei all der Trauer natürlich, die jeder empfindet, der einen geliebten Angehörigen oder Freund an ebenjenem Ort beerdigen musste oder muss. Frieden also. Ruhe. Ruhehof. Ein – wie es in der jüdischen Tradition heißt – guter Ort.

Der Friedhof Seelhorst ist einer von diesen Plätzen. Seine Geschichte ist zwar noch relativ jung (eröffnet 1920), deshalb kann er sich nicht schmücken mit so vielen berühmten toten Persönlichkeiten wie etwa Ohlsdorf in Hamburg oder Père Lachaise in Paris; unabhängig davon, kann es der flächenmäßig größte Friedhof Hannovers aber entspannt aufnehmen mit den ganz Großen seiner Sparte. Das spürt man gleich, wenn man das schmiedeeiserne grüne Tor am Hohen Weg passiert und der Blick als Erstes auf die 400 Meter lange vierreihige Allee aus Linden fällt. Die Symmetrie, die Würde, die herrschaftliche Breite, es ist, als würde man den Großen Garten in Hannover besuchen.

Fahrradfahren ist auf dem knapp 70 Hektar großen Gelände nicht gestattet, also begibt man sich langsamen Schrittes geradewegs

auf die Kapellen und das Krematorium zu, ein im Zusammenspiel imposantes Gebäude, das dem Chilehaus in Hamburg ähnelt. Die Anlage übrigens beherbergt auch ein kleines Museum, heute allerdings muss es unbesichtigt bleiben. Stattdessen passiert man den Bau, wirft vielleicht noch einen Blick auf die große Freitreppe, geht dann um den Komplex herum, und was sich dann vor dem Auge auftut, überrascht dann wirklich! Selbst nicht alle Hannoveraner wissen davon, weil die meisten den Park nur rechts oder links jenseits von Ein- und Ausgang passieren. Was man dann jedenfalls sieht, ist ein Wasserbecken, nein, ein großer Brunnen, gesäumt von Bänken, in der Mitte erheben sich zwei Wasserfontänen, und auch hier hat man wieder den Eindruck, sich nach Herrenhausen verirrt zu haben.

Ein Ort, der Trauer, Stille und alle Vorzüge einer liebevoll gepflegten Grünanlage miteinander verbindet – der Stadtfriedhof Seelhorst.

Enten rasten, Mütter mit Kinderwagen sind ins Gespräch vertieft, eine ältere Frau hängt ihren Gedanken nach und wärmt sich an den ersten Sonnenstrahlen. Wer mag, tut es den Anwesenden nach oder holt nun ein Buch oder eine Zeitung aus der Tasche und beginnt zu lesen. Alles gerät dabei in den Hintergrund, der Stress des Alltags, Fragen und Probleme; was bleibt, ist die Ruhe, von der am Anfang die Rede war.

Wer mag, wendet sich auf dem Rückweg mit Blick auf die Kapelle erneut nach rechts, geht bei der nächsten Möglichkeit wieder nach links, geht noch ein paar Meter geradeaus, dann wieder nach rechts. Und statt Abschied wird man dort erneut von neuem Leben empfangen. Die Kirschen blühen in voller Pracht; Bienen summen, die Sonne steht hoch; alles ist in Balance, und mit leichten Schritten kehrt man dann in das Jetzt zurück. Die Zukunft, die kann warten.

FAZIT: EIN SCHÖNER ORT DER INNEREN EINKEHR. FÜR DIE STILLEREN MOMENTE.

Hin & weg: Eingang Hoher Weg, Buslinie 123, 128, Haltestelle Hoher Weg. Alternativer Eingang über die Garkenburgstraße.

Beste Zeit: Frühling, Sommer, aber auch der Herbst hat seinen Reiz.

Dauer & Strecke: 2–3 Std., knapp 3 km.

Ausrüstung: Etwas zum Lesen, an kälteren Tagen eine Decke zum Einmummeln.

LOCKENDE FRÜCHTE

 ... im Hinüberschen Garten 

Verschlungene Wege, weiter Blick ins Land, ein Vogelkindergarten und eine Hexe, der Hinübersche Garten im Westen der Stadt geizt nicht mit Reizen – zu jeder Jahreszeit. Und wer Glück hat, wird mit Obst von den Apfelbäumen belohnt.

#Gartenglück #AuszeitfürdieSeele #Obstwiese

Natur erleben mitten in der Stadt und zugleich Kulturgeschichte erfahren im Kloster Marienwerder – der Hinübersche Garten macht es möglich.

Die Enten und Blässhühner wissen, was gut ist. Der Teich gleicht einem Kindergarten. Lauter Küken schwimmen im Wasser; einige davon noch etwas ungelenk, alle aber unter dem wachsamen Auge der Mütter.

Den meisten sind die Herrenhäuser Gärten ein Begriff; der Hinübersche Garten aber blüht im Verborgenen. Das ist bedauerlich, zählt doch die Anlage zu den frühesten Landschaftsgärten Hannovers. Der Haupteingang des Gartens liegt an der gleichnamigen Straße, man kann seinen Rundweg aber auch etwas unterhalb an der Garbsener Landstraße starten. Los geht's also, vorbei an Rotbuchen und Eichen, Birken wachsen, der Verkehr zur Rechten wird ignoriert, umgeben ist man dafür von einem Grün in allen Nuancen, auch das Wetter zeigt sich von seiner besten Seite.

Den Blick genießen auf intakte Natur – vielleicht ist gerade eine kleine Familie im Wasser unterwegs.

Und schon steht man vor dem oben bereits erwähnten Teich mit den noch sehr wuscheligen Küken, und wem jetzt kein »Oh, wie süß« entfährt, der hat ein Herz aus Stein. Kurz hinhocken, ein paar Fotos machen, und schon geht es weiter.

Jetzt passiert man den eigentlichen Haupteingang, rechts nun ist das Kloster Marienwerder nicht zu übersehen, dann wird weiter dem Weg gefolgt, noch einmal rechts, und plötzlich findet man sich mitten in der freien Natur wieder. Die Vorstellung, noch immer in Hannover zu sein, fällt bei diesem Anblick schwer; Kornfeld, Weite, stilles Land.

Sattgesehen? Dann umgekehrt, als Nächstes quert man die Bleiche, auch Apfelstück genannt, und sollte man jetzt einen kleinen Hunger verspüren, nur zu, das Picknicken ist hier ausdrücklich erwünscht. So gestärkt, geht es dann weiter, man wendet sich erneut nach rechts, geht dann immer weiter seines Weges, zur Linken ragen Buchstaben aus einer Wiese, die das Wort Humanität ergeben.

Angelegt wurde der Garten im 18. Jahrhundert nach den Plänen des Landschaftsgestalters Jobst Anton von Hinüber. Bedächtigen Schrittes geht es nun weiter, so weit, bis man die nördliche Spitze des Gartens erreicht, noch einmal kurz nach links, noch 20 Meter, noch zehn Meter, noch ein paar Stufen, und schon ist man oben auf dem sogenannten Hexenturm. Nicht wundern übrigens: Der Turm war schon zu Bauzeiten eine Ruine, er wurde so errichtet; er soll die Besucher an die Vergänglichkeit des Seins erinnern, es geht also um Demut auch dem eigenen Leben gegenüber. Folgt man jetzt dem Weg nach rechts, kehrt man schließlich zum Ausgangspunkt zurück. Leicht berauscht und irgendwie auch ein bisschen verhext.

FAZIT: SCHÖNES PARKERLEBNIS MIT ATTRAKTIVITÄT ZU JEDER JAHRESZEIT.

Hin & weg: Mit der Stadtbahn 2 bis Hannover-Leinhausen, dann umsteigen in die Linie 4 bis Wissenschaftspark Marienwerder, in den Bus 420 Richtung Garbsen bis Friedhof Marienwerder.

Beste Zeit: Ganzjährig.

Dauer & Strecke: 2–3 Std. oder länger, 1,5 km.

Ausrüstung: Picknickdecke, Picknick.

→ ABSTECHER ...

GIPFEL DES GLÜCKS

Der Kronsberg ist so etwas wie der Hausberg der Hannoveraner. Von hier genießt man einen der schönsten Blicke auf die Sterne oder aber man kommt wahlweise zum Sonnenaufgang.

Berg oder doch eher Hügel? Den Schafen am Hang des Kronsbergs ist es vermutlich egal.

Viele Wege führen nach Rom – und beim Kronsberg, der mit seinen 118 Metern eher ein Bergchen ist, ist das nicht anders. Für den Ausflug leiht man sich am Bahnhof ein Mietrad, fährt die Berliner Allee entlang, macht einen kleinen Schlenker nach links auf die Bemeroder Straße, fährt weiter und immer weiter, durch Bemerode hindurch – und dann sieht man ihn schon. Früher war der Kronsberg komplett bewaldet, über lange Zeiten blieb er dann kahl, seine Erde wurde als Ackerfläche genutzt, zur Expo im Jahr 2000 aber entschloss man sich, das Areal umzugestalten. Heute nun ist er einer der schönsten Plätze, und es heißt, man könne bei klarer Sicht bis zum Brocken sehen.

Besonders empfiehlt sich ein Besuch oben auf dem Aussichtshügel an lauschigen Sommerabenden mit tollem Sonnenuntergang und anschließendem Blick auf die Sterne. Oder man kommt in den ersten Morgenstunden, das hat auch seinen Reiz. Dann erklimmt man einen der Wege bergauf, läuft vorbei an Schafen, die in der Morgensonne grasen, und legt sich in eine der aufgestellten Hängematten. Noch mal kurz die Augen schließen, schön ist es, und nach dem Päuschen geht es die letzten paar Meter beschwingt hinauf, wirklich anstrengend ist das ja nicht. Oben packt man

Was von der Expo 2000 übrig blieb: Etwa das Gerüst des holländischen Pavillons, einem der damals eindrucksvollsten Bauten. Und wer mag, schaukelt eine Weile in der Hängematte.

dann sein mitgebrachtes Frühstück aus, beruhigende Stille über dem Ganzen.

Nach ausgiebigem Blick und ausgiebiger Rast geht es wieder hinunter, und auf dem Rückweg wünscht man den Schafen noch einen guten Tag. Wer will, kann dem alten Expo-Gelände jetzt noch einen Besuch abstatten und sich mit der Kamera im Anschlag an den verlassenen Pavillons fotografisch entlanghangeln; Lost-Places-Tour mit einem Hang zum Sentimentalen. Mehr in die Zukunft gewandt ist ein Besuch der benachbarten Expo-Plaza, als Fotomotiv ebenfalls interessant.

Tipp: Sonntags lädt der Drachenclub Hannover hebt ab bei gutem Wetter zum gemeinsamen Fliegen oder Klönen auf der Wiese vor dem Nordhang des Kronsbergs (Infos unter www.drachenclub-hannover-hebt-ab.de).

FAZIT: SCHÖNES PANORAMA ZUM SONNENUNTERGANG WIE AUCH ZUM SONNENAUFGANG VOM AUSSICHTSHÜGEL IN LÄNDLICHER UND FUTURISTISCHER UMGEBUNG.

Hin & weg: Mit der Stadtbahn 8 bis Aegidientorplatz, umsteigen in die Linie 6 Richtung Messe/Ost bis Kronsberg.

Beste Zeit: Frühling und Sommer.

Dauer: 1–3 Std.

Ausrüstung: Morgens Frühstück mit Kaffee in der Thermoskanne und belegten Brötchen. Abends Flasche Bier für den Sonnenuntergang, Kamera nicht vergessen.

LOGENPLATZ FÜR STERN-GUCKER

Es soll Hannoveraner geben, die waren noch nie auf dem Lindener Berg. Eigentlich ist das nicht zu verstehen. Denn einerseits findet sich hier einer der schönsten Biergärten der Stadt, andererseits kann man sich ungestört der Idylle hingeben.

#magischeMomente #bestmomentever #Biergarten

Die Liebe zur Natur und die Liebe zum Bier - auf dem Lindener Berg lässt sich beides gut miteinander verbinden.

Am allerbesten ist es, man reist mit dem Fahrrad an, denn dann bekommt man ein Gefühl für die – ja, sagen wir es ruhig – Dimension.

Wie sich der »Berg« über der Stadt erhebt. Im Auto ist von der Steigung kaum etwas zu spüren, mit dem Fahrrad aber geht es dann doch ziemlich merklich hinauf, und das allein ist schon eine ganz sonderbare Erfahrung – zumindest für hiesige Gefilde.

Das Fahrrad wird dann aber erst mal nicht mehr gebraucht, so weitläufig ist das Ganze nicht, am besten parkt man es auf Höhe des Jazzclubs, noch so eine altehrwürdige Institution, und von dort startet man zu einem Rundgang. Der Wasserhochbehälter auf der gegenüberliegenden Straßenseite ist aus zwei Gründen interessant: Erstens, weil er – wie der Name schon sagt – für die Wasserversorgung der Stadt verantwortlich ist, zweitens stehen auf dem Dach die Teleskope

Sternwarte, Villa Osmar, Wehrturm – auf dem Lindener Berg ist die Architektur einen Spaziergang wert.

der Sternwarte; man könnte also auch sagen, auf dem Lindener Berg, da kommt man den Sternen nah.

Dreht man sich noch mal um, fällt der Blick auf die Villa Osmar, mehr Schloss als Villa, und das ist auch der Grund, warum man sie hier Lindener Schlösschen nennt. Jetzt folgt man der Straße immer weiter hoch bis zu einem schmiedeeisernen Tor auf der rechten Seite. Dahinter verbirgt sich der Lindener Bergfriedhof. Die Anlage, zur Zeit des Königreichs Hannover entstanden, ist heute eine denkmalgeschützte Parkanlage. Im Frühling kann man Zeuge eines wunderbaren Naturschauspiels werden: Jedes Jahr zwischen März und Anfang April nämlich blüht hier der Blaustern (Scilla siberica). Tausende der kleinen blauen Blumen legen sich wie ein Teppich über den Boden.

Ist kein Frühling, macht das nichts; ein Besuch lohnt sich zu jeder Jahreszeit. Bewachsene Wege, bemooste Bäume, ein Engel, der über allem wacht; es scheint, als sei hier die Zeit stehen geblieben. Einfach den Wegen nach links und rechts folgen und den Gedanken nachhängen.

Vom Friedhof aus geht es wieder Richtung Wasserhochbehälter, allerdings biegt man vorher nach rechts und steht dann vor einem der schönsten Biergärten Hannovers. Über dem Garten thront ein Wehrturm, der Lindener Turm mit der Turmwirtschaft. Hier nun hat man die Wahl: entweder den Tag bei Riesencurrywurst mit Pommes ausklingen lassen, oder man schnappt sich sein Fahrrad, biegt in der angrenzenden Kleingartensiedlung nach links, und am Deisterblick hat man dann tatsächlich eine wunderbare Sicht auf den Deister. Stehen bleiben und genießen.

FAZIT: TOLLER KONTRAST ZUM HEKTISCHEN ALLTAG IN DER GROßSTADT.

Hin & weg: Mit Stadtbahnlinie 9 bis Nieschlagstraße oder mit Bus 100 oder 200 bis zur Sternwarte.

Beste Zeit: Frühling, Sommer.

Dauer & Strecke: 2–3 Std., knapp 2 km.

Ausrüstung: Picknick, eine warme Jacke an frischen Tagen.

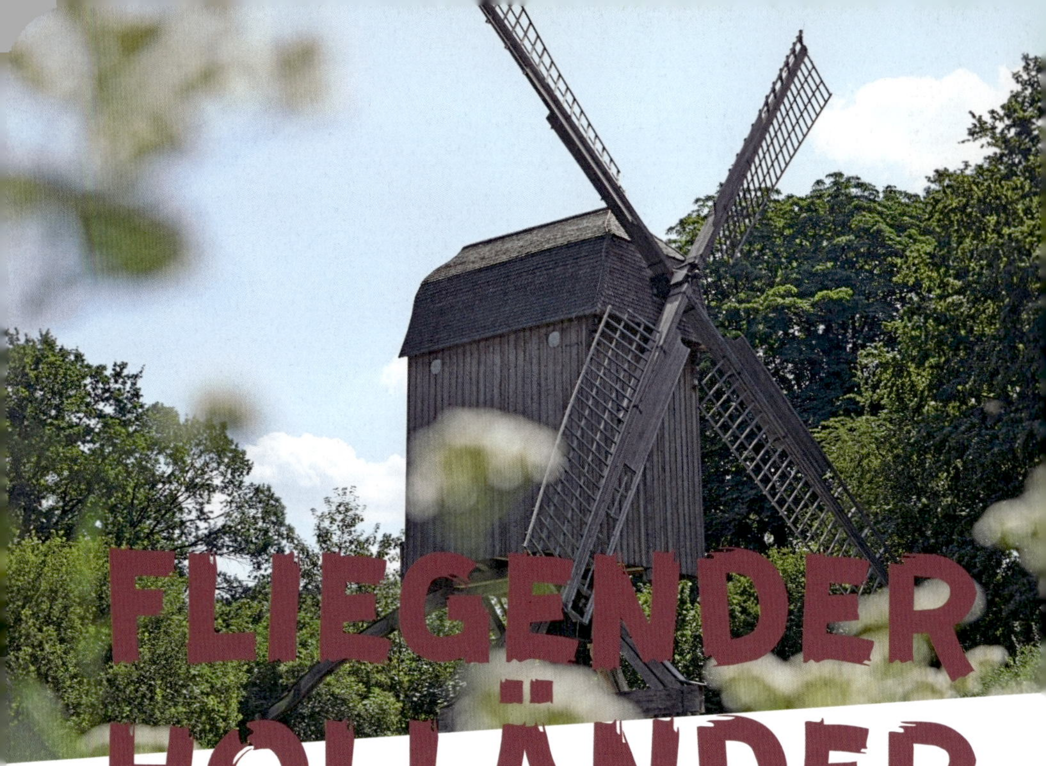

FLIEGENDER HOLLÄNDER

... im Hermann-Löns-Park

#8

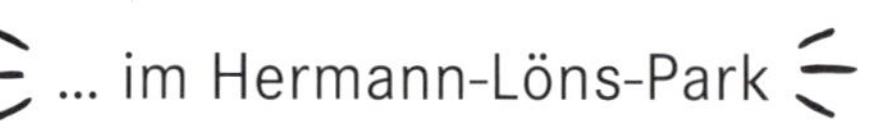

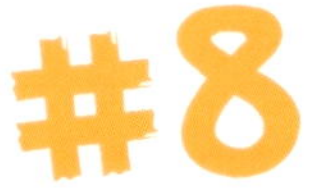

Inmitten eines Dreiecks viel befahrener Straßen liegt eine der schönsten Parkanlagen Hannovers, mit einer Mühle, einem Schwimmbad und blühenden Wiesen.

#Naturromantik #HannoverAnsichten #derParkruft #Stadtnatur

Das Ausflugslokal Alte Mühle ist eine beliebte Adresse – auch für Hochzeitsgesellschaften.

Eben noch war man umgeben von Bäumen und Laub, dann biegt man kurz um die Ecke, und da sieht man sie schon von Weitem, Hannovers Bockwindmühle, quasi Empfangsdame und zugleich Wahrzeichen des Hermann-Löns-Parks, der seinen Namen dem Heidedichter verdankt. Stolz erhebt sich die Mühle auf einer kleinen Anhöhe, zu ihren Füßen wachsen weiße Blümchen zwischen den Gräsern, und man widersteht nur schwer der Lust, sich jetzt auf der Stelle fallen zu lassen und sinnlos Löcher in die Luft zu starren. Aber das wäre dann doch etwas schade, das hebt man sich besser für den Abschluss des Rundgangs auf; also weiter geht's auf Schusters Rappen – zunächst einmal rund um die Mühle.

Die Windmühle ist nicht nur irgendeine Windmühle. Das gute Stück ist 300 Jahre alt, sie ist innerhalb der Stadt mehrfach umgezogen, 1938 schließlich wurde sie im Lönspark aufgebaut, und da steht sie nun Wind und

Der Lönspark ist von Spazierwegen durchzogen – einer davon führt um den Annateich herum. Hier lassen es sich auch die Enten gut gehen.

Wetter ausgesetzt sinnierend über ihre Tage. Wer mag, kann ihr im Inneren entweder nach Terminvereinbarung einen Besuch abstatten, oder man kommt am Deutschen Mühlentag (Pfingstmontag) wieder vorbei, da ist sie in jedem Fall geöffnet, bis dahin wartet sie stumm; stumme Schönheit vergangener Tage.

Jetzt aber führt der Weg erst mal weiter. Gleich neben der Mühle liegt das Ausflugslokal Alte Mühle, man geht daran (vorerst) vorbei, biegt am Abzweig nach links und trifft dort auf den Annateich, eine ehemalige Tongrube; der Weg führt ringsherum, Enten dösen in der Sonne, ein Paar flaniert – mit jedem Schritt entfernt man sich weiter vom hektisch klopfenden Puls der Großstadt. Kaum zu glauben, dass sich der Lönspark inmitten eines Dreiecks viel befahrener Straßen befindet, so friedlich wirkt das Ganze hier. Und so geht es weiter um den Teich herum bis zum Annabad, das eigentlich Kleefelder Bad heißt, und wer baden will, kauft sich eine Eintrittskarte und kühlt sich mit einem Sprung ins Wasser ab. Die anderen gehen weiter bis das Lokal Alte Mühle wieder erreicht ist, machen Rast oder gehen tatsächlich noch ein paar Meter links daran vorbei, passieren den anderen Teil des Teichs und treffen am oberen Ende auf die Apothekerwiesen, auf der Grillen zwischen Heilkräutern zirpen. Halb links davon erhebt sich der Kiebitzberg, eine kleine Anhöhe mit Birken und eiszeitlichen Findlingen. Tief einatmen, ein ausgiebiger Blick noch und dann wieder zur Bockwindmühle zurück, die harrt noch immer ihrer Dinge. Man macht es ihr nach und verweilt ein bisschen auf der Wiese.

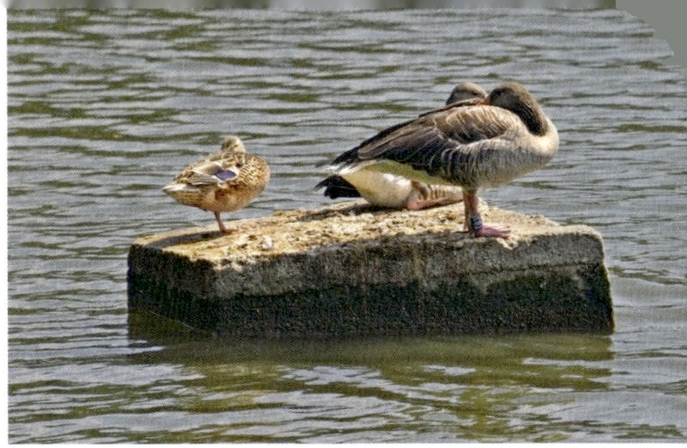

Tipp: Ein Hörspaziergang lädt ein zu Wiesengeschichten aus Geschichte und Gegenwart. Der Startpunkt ist an der Infotafel am Annateich, dort einfach den QR-Code mit dem Smartphone scannen und die Datei unter www.hermann-loens-park.de laden. Audiogeräte und Kopfhörer können kostenfrei, aber gegen Pfand im Ausflugslokal Alte Mühle ausgeliehen werden.

Hin & weg: Mit der Stadtbahn 2 bis Aegidientor, von dort mit der Linie 5 bis Haltestelle Bleekstraße, der Ausschilderung Richtung Park folgen.

Beste Zeit: Ganzjährig.

Dauer & Strecke: 2–3 Std. oder solange es Spaß macht, knapp 3 km.

Ausrüstung: Eventuell Badesachen, Decke zum Ausruhen.

FAZIT: LEICHTES UND ERHOLUNGSREICHES STADTPARKERLEBNIS.

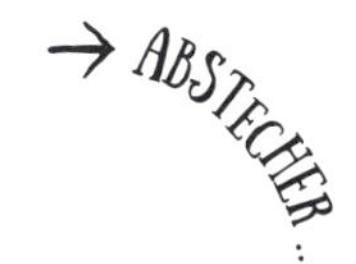

BARFUß DURCH DEN SOMMER

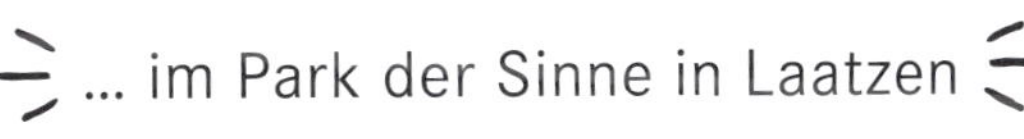

#9

Mit den Zehen im Wasser spielen, im Irrgarten sich selbst finden, den Fröschen beim Quaken zuhören, der Park der Sinne ist ein Kurzurlaub für den ganzen Körper.

#barfußistauchschön #vierElemente #dasGuteliegtsonah

Zum Fröschekküssen schön: Wer der Hitze des Sommers und der Hitze der Stadt entgehen will, ist im Park der Sinne gut aufgehoben.

Laatzen ist vielleicht nicht eben der Ort, den zumindest Einheimische mit schönen Anlagen, Ruhe und Erholung verbinden. Um die Hildesheimer Straße herum ist der Stadtteil eher laut, eher wenig attraktiv, und üblicherweise sieht man zu, dass man schnell weiterkommt. Und umso mehr überrascht, dass ausgerechnet zwischen Hildesheimer Straße und Westschnellweg ein solches Kleinod Platz gefunden hat.

Im Zuge der Expo ist hier im Jahr 2000 auf einer Mülldeponie der Park der Sinne als Rückzugsort für Großstadtmenschen entstanden; Spazierwege durchziehen ihn, überall grünt und blüht es, Vögel singen. Am besten beginnt man den Rundgang am Südtor. Rechts schmiegt sich ein Teich an das Grün des Rasens, eine Brücke spannt sich über das Wasser, Enten dösen am Ufer, ein Paar hat eine Decke ausgebreitet und genießt die Stille. Wer mag, zieht die Schuhe aus und läuft über die Trittsteine, das Wasser kitzelt die Zehen. Und wer mag, schließt für einen Moment die Augen und fühlt: Die Welt kann ganz anders sein.

Weiter geht es in den Garten der Düfte. Wieder Augen schließen, vorbeugen und riechen – ein Mix aus süßen, würzigen und fruchtigen Düften liegt über den in Mauern gefassten Beeten. Im Heckenlabyrinth sucht sich das Auge seinen Weg, im Echogarten erklingen Steine, Melodien spielen, würzige Kräuter decken den Kräutertisch, an der Quelle tropft und sprudelt das Wasser.

Über 19 Stationen erstreckt sich die Anlage; Luft, Wasser, Feuer, Erde, die vier Elemente begleiten den Weg; es geht um das Abschalten vom Alltag und Umschalten auf Entdeckungen; und wer nach einem Besuch nicht eingenommen ist vom Zauber der Umgebung, der hat etwas falsch gemacht.

Am besten kommt man an einem lauen Sommertag, am späten Nachmittag oder am frühen Abend, zieht die Schuhe aus, krempelt sich die Hose hoch – und los geht es mit dem Erlebnis für die Sinne. Am Schluss sitzt man erfrischt und beseelt mit einem Buch hinten am »Ort der Idylle« unter einer dicht berankten Pergola. Tief einatmen und sich für den Tag bedanken.

Linksrum? Rechtsrum? Oder doch besser zum Blumenschnuppern geradeaus? Wenn der Weg auch egal ist, etwas Zeit sollte man mitbringen für den Parkbesuch.

FAZIT: ERHOLSAMER RUHEPOL INMITTEN DER STADT.

Hin & weg: Mit dem Fahrrad aus der Stadt in etwa 45 Minuten. Oder mit der Stadtbahn 1 bis Laatzen Park der Sinne.

Beste Zeit: Frühling, Sommer.

Dauer & Strecke: Alles in allem 2–3 Std. oder solange es gefällt, knapp 2 km.

Ausrüstung: Picknickdecke, Buch, Handtuch zum Fußeabtrocknen.

DIE KIRCHE IM ORT LASSEN

Ein Deich mitten in der Stadt. Ein Rittergut. Und viel Wasser und Natur. Ricklingen hat mehr zu bieten als laute Straßen, Häuserschluchten und Industrie. Man könnte auch sagen: Ricklingen ist ein Stadtteil mit zwei Gesichtern.

#Naturliebe #RicklingerKiesteiche #Heimatliebe #Stadtperle

Zur Edelhofkapelle immer dem Hahn folgen.

→ ABSTECHER …

Und das hier soll auch Hannover sein? Eine mittelalterliche Kirche, umgeben von hohen Bäumen und Wiesen. Daneben in trauter Zwei- oder Dreisamkeit Fachwerkhäuser, es wirkt, als habe man sich mal eben in ein verschlafenes Dorf verirrt. Hat man nicht, stattdessen steht man in Ricklingen, ausgerechnet. Statt Lärm und Enge empfängt einen hier Idylle; man könnte also sagen, Ricklingen hat zwei Gesichter.

Für einen guten Überblick startet man am Ricklinger Bad; eine gute Gelegenheit, sich auf Raumtemperatur herunterzukühlen. Dann schwingt man sich auf sein Fahrrad, fährt vorbei an einem mehrgeschossigen Wohnkomplex, den man je nach Perspektive sehr toll oder sehr grässlich finden kann. Dann führt der Weg weiter über den Hemminger Kirchweg, Ziegen springen in einem Garten, schlägt sich rechts durch einen kleinen, dicht

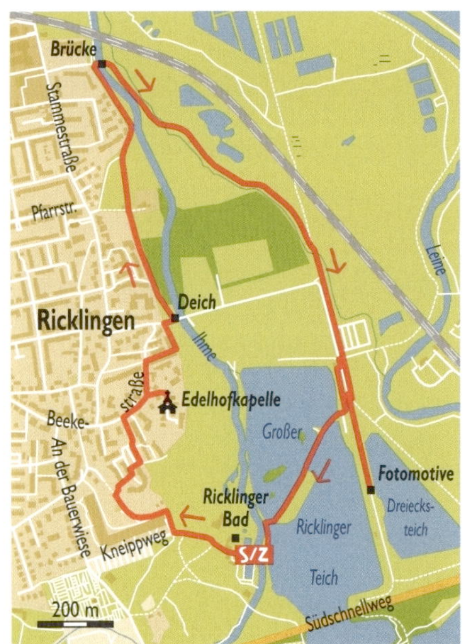

bewachsenen Weg auf den Kastanienhof, dann rechts auf die Beekestraße, bis sie sich gabelt, schwenkt wieder rechts, und dann ist man auch schon da, am Edelhof, Hannovers einzigem nahezu vollständig erhaltenem Rittergut – die Zeitreise beginnt.

Das Fahrrad stellt man am besten gegenüber der Kapelle ab, und während man dem Weg dann weiter folgt, findet man sich wenige Schritte später staunend vor dem holzverschalten Herrenhaus wieder; die Stiftung Edelhof hat dort ihren Sitz. Mit etwas Glück ist die Tür zum angrenzenden Garten offen, und man wirft einen verstohlenen Blick hinein. Nach der Zeitreise geht's zurück aufs Rad; jetzt rechts und wieder zurück auf die Beekstraße, dann noch ein paar Meter, und was sich Augenblicke später dort über die

Ländliche Idylle und überraschende Hinterhofromantik – das alte Ricklingen ist das Glanzstück eines sonst nicht eben stillen Stadtteils.

Straße erhebt, ist ebenso überraschend wie kurz zuvor das Rittergut. Ein Deich, mitten in der Stadt, erbaut 1954, um die jährlich wiederkehrenden Hochwasser der Ihme abzuwehren. Der Rundweg führt nun oberhalb der Anlage auf der Deichkrone entlang.

Man folgt dem Weg, er führt an Wiesen vorbei, bei nächster Gelegenheit wird die kleine Brücke über die Ihme gequert. Man fährt immer weiter geradeaus, Pferde grasen, das Flüsslein gurgelt, Jogger joggen, Fahrradfahrer genießen den Tag. Man kann jetzt den Weg weiterfahren, bis er rechts und links von Teichen umgeben ist; dem Dreiecksteich und den Ricklinger Teichen; sie bieten sich an für ein schönes Fotomotiv. Dann aber geht es gleich wieder zurück bis zu einer Abzweigung nach links, der Weg führt jetzt über die Ricklinger Halbinsel, noch ein paar Meter, und schon ist man wieder am Ausgangsort zurück. Ricklingen, du hast es schön.

FAZIT: EINE RADTOUR IM GRÜNEN UND AM WASSER ENTLANG – WIE EIN URLAUBSTAG.

Hin & weg: Mit der Stadtbahn 17 bis Beekestraße, von dort bis zum Bad (Kneippweg 25) mit dem Rad.

Beste Zeit: Frühling, Sommer.

Dauer & Strecke: 2–3 Std. oder länger, 6 km.

Ausrüstung: Bei Bedarf Badesachen, Kamera, Kleingeld für einen Snack.

LASS KLAPPERN

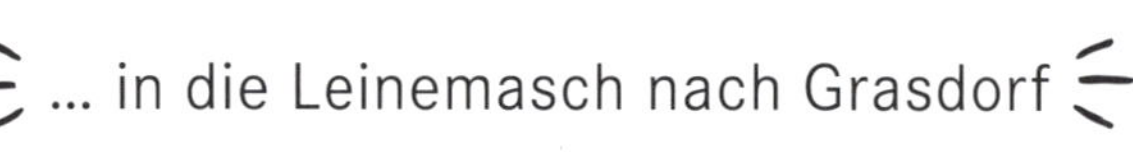

... in die Leinemasch nach Grasdorf

#11

Besonders schön ist das Licht in den frühen Abendstunden. Wenn die Sonne sich hinten am Horizont langsam verabschiedet. Wenn in Momenten wie diesen ein besonderer Zauber über dem Land liegt. In der Masch trifft das kleine Glück auf das große.

#Zeitgenießen #Storchennest #Landlebenliebe #rausaufsLand

→ ABSTECHER …

Immer am Mohn entlang und hinein in die wunderbare Masch.

Ein guter Ausgangspunkt für die Tour ist der kleine Ort Harkenbleck. Man startet dort direkt an der Kapelle, wirft vor dem Start noch einen kurzen Blick ringsumher, und dann geht es auch schon los – über einen Weg mit dem seltsamen Namen Im Häge. Man folgt dem Steinbrink bis zum Maschweg, und wenige Atemzüge später ist schon die Masch erreicht. Alternativ könnte man auch von Laatzen an der Station Neuer Schlag starten, dafür biegt man mit dem Fahrrad einmal ach links, einmal geht es rechtsherum, fährt bis zum Naturschutzzentrum Alte Wache, und von nun an lässt man sich eigentlich nur noch geradeaus bis in die Masch tragen.

Romantischer allerdings ist tatsächlich die Anreise von Harkenbleck aus. Dort folgt man weiter dem Maschweg, biegt nach rechts, Pferde grasen, biegt nach links, bis eine Brücke über die Alte Leine führt, man kann sie eigentlich nicht verfehlen. Von der Brücke bietet sich ein hübscher Blick aufs gurgelnde Wasser, und ehe man sie wieder verlässt, schaut man sich die Gravuren auf dem Geländer etwas genauer an; Menschen, die sich

Weiter Blick und viel Natur – die Masch ist ein Ort, an dem sich vor allem auch die Störche wohlfühlen.

grüßen, Menschen, die anderen Menschen zum Jahreswechsel ein schönes Leben wünschen. Wie schön.

Mit etwas Glück stakst gerade ein Storch auf der Suche nach Futter vorbei. Futter gibt es für sie hier genug, die Leinemasch ist ein idealer Brutplatz. Weit über 50 Paare wurden zuletzt in der Region gezählt. Babyboom bei den Störchen. Um Herrn Storch nun in Grasdorf einen Besuch abzustatten, folgt man dem Weg bis zu einer Gabelung. Wer will, macht noch kurz einen Schlenker nach links, besteigt dort den Aussichtsturm und schaut sich die Welt von oben an.

Wiesen säumen den Weg, Frösche quaken, weiße Blümchen schimmern im Abendlicht. Dann geht es zurück bis zur Abzweigung und noch ein bisschen geradeaus, man biegt nach links, und links befindet sich auch das Haus der Wasserversorgung Grasdorf.

Vor der Brücke fährt man dann rechts immer weiter durch die Grasdorfer Masch, bleibt immer auf dem Weg, und dann ist der Horst schon von Weitem zu sehen, hoch ragt er hinaus in den Himmel. Und was für ein Glück, Herr Storch ist zu Hause, einem Scherenschnitt gleich zeichnen sich seine Konturen am Himmel ab.

Schnell ist eine Bank zur Rast gefunden, wer mag, nimmt sein Fernglas zur Hand und verliert sich in der Zeit; Stunden könnte man so sitzen in der Windstille, ein ganz besonderer Zauber liegt über dem Land. In der Masch trifft das kleine Glück auf das große.

Zum Einkehren bietet sich das Wiesendachhaus an. Dafür geht es mit dem Fahrrad zurück in Richtung Aussichtsturm, rechts halten, dann links halten, an den Kleingärten vorbei, links, noch mal links, und fünf Minuten später sitzt man dann in einem der urigsten Biergärten. Ein Prost auf den Tag. Ein Prost auf den Storch.

Hin & weg: Anreise mit dem Rad nach Harkenbleck oder mit der Stadtbahn 3 bis Wallensteinstraße, von dort mit dem Bus 365 bis Harkenbleck. Mehr Infos zum Biergarten unter www.wiesendachhaus-laatzen.de

Beste Zeit: Frühling, Sommer.

Dauer & Strecke: 2–3 Std., knapp 6 km.

Ausrüstung: Fernglas, vielleicht etwas Proviant.

FAZIT: KURZWEILIGE TOUR MIT WEITEM BLICK ÜBER DIE MASCH.

WILDE SCHÖNHEIT

… im Zeigerpflanzengarten

#12

Der Zeigerpflanzengarten kann es zwar nicht mit der Imposanz des Berggartens oder der Herrlichkeit der Herrenhäuser Gärten aufnehmen, doch seine Vielfältigkeit auf kleinem Raum und die verborgene Lage machen ihn zu etwas Besonderem.

#Gartenliebe #grüntsogrün #NaturingutenHänden #Sonderbiotop

Verborgen hinter überraschender Architektur: die Farbenpracht und Vielfalt des Zeigerpflanzengartens.

Der Zeigerpflanzengarten ist ein Geheimtipp. Der Garten auf dem Gelände des Instituts für Umweltplanung der Leibniz Universität ist so geheim, dass es sich offenbar nicht einmal bis zum Pförtner herumgesprochen hat,

dass die Anlage der Öffentlichkeit zugänglich ist. Zumindest reagiert er verwirrt, und auch die Mitarbeiterin an seiner Seite möchte am liebsten den Eintritt verwehren. Und doch: Den Garten darf jeder besuchen, keine Sorge, es wird nichts Unerlaubtes getan, im Gegenteil, ein Besuch ist ausdrücklich erwünscht.

Nach einem freundlichen Gruß also rechts vorbei, dem Flur bis fast zum Ende folgen, auf der rechten Seite öffnet sich dann eine Tür, und schon ist man drin in diesem Kleinod. Es liegt ein Friede über dem Ganzen, man kann ihn kaum für möglich halten. Und es ist auch kaum zu glauben, dass nur ein paar Meter entfernt die Herrenhäuser Straße lärmend vorbeizieht; hinter der Mauer folgt die Stadt ihrem Puls, hier drinnen aber - Harmonie.

Zeigerpflanzen sind Gewächse, die ohne aufwendige Messungen Aufschluss über ihre Standortverhältnisse geben; sie sind also eine Art Orientierungsgeber oder Gradmesser, zu ihnen etwa zählen die Brennnesseln; wo sie wachsen, weiß man, dort ist die Erde reich an Stickstoff. Der Zeigerpflanzengarten ist zwar nicht übermäßig groß, dafür aber sehr vielseitig. Etwa 500 Arten wachsen hier, etwa ein Drittel davon steht auf der Roten Liste der gefährdeten Pflanzenarten.

Von der Eingangstür hat man einen guten Überblick; und das Beste ist es, sich im Zickzack vorzuarbeiten, so entgeht einem nichts. Die Erika etwa, oder hier, die zart blühende Helichrysum arenarium, Bienen fliegen, die

Wer der Hektik des Tages entgehen will, findet hier eine wohltuende Auszeit.

Farben sind eine Wohltat für die Augen, und vielleicht hat man sogar ein Pflanzenkundebuch dabei, dann lässt sich alles Wissenswerte zu Blümchen und den anderen Pflanzen gleich an Ort und Stelle nachschlagen.

Links führt der Weg an einer – ist es eine Königskerze? – vorbei, ein Stück weiter wächst eine Art Ackerkraut, und wer sich über die Felsen-Fetthenne beugt, der wird auch die Schönheit des Kleinen nicht übersehen. Hinten an der Ecke links steht eine Bank, ein schöner Platz im Schatten, mit Glück sitzt dort ja niemand, Beine ausstrecken, die Hände hinter den Kopf verschränken und einfach den Gedanken nachhängen.

Zum Abschluss noch einmal ein Spaziergang rundherum im Zeigerpflanzengarten, hier riechen, da fühlen und schauen, bitte aber nichts abreißen oder mitgehen lassen – jeder Verlust wäre ein Jammer.

FAZIT: KLEIN, ABER FEIN UND EINE SCHÖNE PAUSE VOM ALLTAG.

Hin & weg: Vom Hauptbahnhof/Kröpke mit der Stadtbahn 5 bis zur Haltestelle Appelstraße, dann 4 Min. zu Fuß bis zum Institut für Umweltplanung der Leibniz Universität, Herrenhäuser Straße 2, beim Pförtner nach dem Weg fragen.

Beste Zeit: Frühling, Sommer. Der Zeigerpflanzengarten steht werktags, solange die Universitätsgebäude geöffnet sind, allen Interessierten offen. Mehr Infos unter www.umwelt.uni-hannover.de/zeigerpflanzengarten.html

Dauer: Solange es Spaß macht, umherzuspazieren. und zu schauen.

Ausrüstung: Pflanzenbestimmungsbuch.

SOMMER-ZAUBER

… in den Schauhäusern im Berggarten

#13 *Stimmung verhagelt? Egal. Soll der Tag sich ruhig weiter von seiner miesen Seite zeigen, im Tropenhaus im Berggarten scheint das ganze Jahr die Sonne.*

#botanischerGarten #Kaffeezeit #ewigSommer

Von den Tropen bis zur Wüste – in den Schaugewächshäusern lässt sich die ganze Welt auf wenigen Metern erfahren.

Los geht's! Der Eingang an der Herrenhäuser Straße wird schnellen Schrittes passiert, ein Eintrittsticket bezahlt – und dort, rechts, sieht man es auch schon, das gläserne, lichtdurchflutete Gebäude. Wie aus einer anderen Welt erscheint es, und ein bisschen ist es ja auch so.

Dann öffnet man die Tür, und als Erstes empfängt einen wunderbar wohltuende Wärme. Wasser plätschert, das Grün der Pflanzen ist Balsam für die Seele, und wer sich eben noch über die ungemütliche Welt geärgert hat, vergisst sofort allen Kummer. Alles wächst und grünt und blüht, die Temperatur hüllt ein wie ein warmer Schal.

Aus drei Schauhäusern besteht der Komplex, dem Kakteenschauhaus, dem Tropenschauhaus und dem Orchideenschauhaus, und je nach Interesse setzt man sich zunächst vielleicht im Tropenhaus an den Teich, kleine Fische und große Fische ziehen hier ihre Runden, es sieht aus, als würden sie Versteck spielen. Die Luft ist wunderbar warm und feucht, man könnte hier ewig verharren, nach einer kleinen Rast aber geht es weiter. Man liest sich durch die Geschichte der fleischfressenden Pflanzen, sieht die hoch wachsenden Bananen, sieht die verschiedensten Farne, und tatsächlich, eine Ananas gedeiht.

Wo die Kakteen blühen und die Bananen Früchte tragen – und das mitten in Hannover.

Früher stand auf dem Grundstück des Berggartens das Palmenhaus mit Europas größter und artenreichster Palmensammlung, das allerdings während des Zweiten Weltkriegs zerstört wurde. Zumindest die traditionsreichen Schaugärten hat man nach und nach wieder aufgebaut. Für das Große Palmenhaus entstand im Jahr 2000 als Ersatz das Regenwaldhaus, heute beherbergt es das Sea Life, aber das ist eine andere Geschichte.

Der Vormittag ist derweil noch immer jung, und nachdem man sich im Orchideenhaus und im Kakteenhaus eingestimmt und eingelesen hat in die Botanik Afrikas, Mittel- und Südamerikas, ist es Zeit für eine Pause. Ein schöner Platz dafür ist die kleine Sitzgruppe mit lila- und grünfarbenen Stühlen unter dem Glasdach. Jetzt werden die mitgebrachten Brote ausgepackt, der Kaffee aus der Thermoskanne duftet, Beine übereinandergeschlagen und die Gedanken schweifen lassen. In die Tropen. Dahin, wo der Sommer immer Urlaub macht.

FAZIT: WUNDERBARER RUNDGANG ZU JEDER JAHRESZEIT.

Hin & weg: Mit der Stadtbahn 1 bis Kröpcke, dann umsteigen in die U5 bis Station Herrenhäuser Gärten, dann noch mal 2 Min. bis Berggarten.

Beste Zeit: Herbst, Winter.

Dauer: 2–3 Std.

Ausrüstung: Belegte Brote, Kaffee in der Thermoskanne, Kamera, Kleingeld für den Eintritt.

AB AUF DIE SPIELWIESE

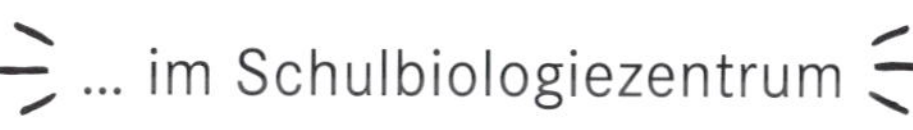

#14

Schulbiologiezentrum, das klingt etwas sperrig. In Wirklichkeit aber ist es ein wunderbarer Platz zum Staunen, Lernen und Erholen. Und anders als der Name vermuten lässt, steht er nicht nur Schülern offen.

#Pflanzenwelt #NaturundUmwelt #mitmachenunderleben

Leckeres Früchtchen und ein Gang durch sattes Grün: Im Schulbiologiezentrum wird Lernen zum Spaziergang.

Auf einer Skala von eins bis zehn? Ganz klar: zehn. Denn das, was der Garten Besuchern offeriert, kann es ganz locker mit den renommierten Parks in der Stadt aufnehmen. Unter dem Dach des Schulbiologiezentrums versammeln sich verschiedene Häuser zum Thema Schulbiologie, betrieben werden sie alle vom Land Niedersachsen und der Stadt Hannover; der Botanische Schulgarten in Burg ist der Hauptsitz.

Und hier nun im Botanischen Schulgarten wird die große Welt auf einer verhältnismäßig kleinen Fläche (7,5 Hektar) reflektiert und geizt dabei nicht mit Reizen. Es gibt einen Duftgarten, einen Heilgarten und einen Gemüsegarten, es gibt eine Bücherei und ein Bienenhaus; es gibt im Prinzip nichts, was es nicht gibt. Am besten schaut man sich das Ganze an einem halbwegs sonnig-warmen Vormittag im Herbst, Frühjahr oder Sommer an.

Man kann sich dem Gelände von zwei Seiten nähern, entweder vom Burgweg kommend, oder man startet auf der gegenüberliegen-

---

Hin & weg: Mit der Stadtbahnlinie 4 oder 5, Haltestelle Burgweg. Von dort zu Fuß über die Haltenhoffstraße, dann rechts auf den Vinnhorster Weg einbiegen.

Beste Zeit: Frühling, Sommer, Herbst. Öffnungszeiten, Termine und Veranstaltungen unter www.schulbiologiezentrum.info

Dauer: 1–3 Std. oder solange man mag.

Ausrüstung: Kamera und einen Snack nicht vergessen!

Im Schulbiologischen Garten spazieren Pfauen durchs Gelände. Manche Pflanzen werden für den Unterricht in Schulen gezogen.

den Seite am Vinnhorster Weg. Wer auf der Vinnhorster Seite beginnt, wird zuerst Beete mit verschiedenen Blumen passieren, allein schon diese Farbenpracht ist eine Freude. Geht man dann weiter, trifft man auf die Gewächshäuser, gegenüber wächst in den Beeten Gemüse, am Ende des Weges liegt die Obstwiese. Mit Äpfel und Birnen, gelb und groß, am liebsten würde man reinbeißen.

Der Weg führt dann in einen Wald hinein, unter den Schritten rascheln Blätter, es knackt und knirscht, der Boden ist weich, und ein paar Meter weiter, erst glaubt man, seinen Augen nicht zu trauen, aber tatsächlich, ein Pfau stakst durchs Dickicht.

Zieht man nun weiter seine Kreise, stößt man auf einen Teich und lässt sich auf einer der Bänke nieder. Tief atmen, schauen. Stille. Später setzt man seinen Weg weiter fort. Vorbei am Kleinzoo mit Meerschweinchen und Hühnern, hinter jeder Ecke offenbart sich eine neue kleine Welt. Und auch Erwachsene können viel lernen; wie sich etwa Verpackungen oder Kiefernadeln in ein, zwei, drei, vier Jahren zersetzen, in einer anderen Station blickt man durch eine Plexiglasscheibe in die Tiefen eines Teichs, der Apothekergarten listet die Wirkung von Heilpflanzen; man reibt an den Blättern, riecht an den Blättern, ah, wie das duftet. Und so geht es von einer Station bis zur nächsten, und am Ende findet man sich an den Gewächshäusern wieder.

FAZIT: GARTENKUNST IM KLEINEN UND GROßEN FÜR DIE KLEINEN UND GROßEN.

FAHR-STUNDE

… mit dem Tretboot über den Maschsee

Es lässt sich kaum besser abschalten als auf dem Wasser. Selbst mitten im Trubel der Stadt. Selbst mitten in der Saison. Vom Boot aus bietet sich der schönste Blick aufs Neue Rathaus.

#aufzuneuenUfern #Stadtoasen #Maschseemalanders

→ ABSTECHER …

In einem Tretboot ist man selbst Kapitän – und sei es nur für ein Stündchen.

Eine Fahrt mit dem Tretboot ist wie ein Déjà-vu. Eine Erinnerung an die Kindheit. Als die Welt groß schien und jeder Tag ein Abenteuer war. Und ist man dann noch unterwegs auf Hannovers größtem Binnengewässer, ist das Glück nahezu perfekt.

Man kann sich den Maschsee auf viele Arten erobern. Schwimmend, ganz klassisch. Außenrum mit dem Rad oder mit den Inlineskates. Oder mit dem Segelboot, sich dem Wind überlassend. Mit dem Tretboot aber hat das Ganze seinen besonderen Reiz, das ist wie Rad fahren, nur auf Wellen. Meter für Meter schiebt sich das Gefährt langsam über den gurgelnden See, es quietscht und knarrt, links eine Ente, rechts ein Schwan und vor einem das Glitzern der Sonne im Wasser.

Der Maschsee, angelegt in einer Zeit, die nicht eben für Glanz und Gloria stand, ist tatsächlich aus dem Nichts entstanden. Früher war das Areal nur sumpfiges Wiesengelände, im Auftrag der Nazis wurde er

Sonnenplatz für Segler und Knirpse – auf und am Wasser ist für alle Platz.

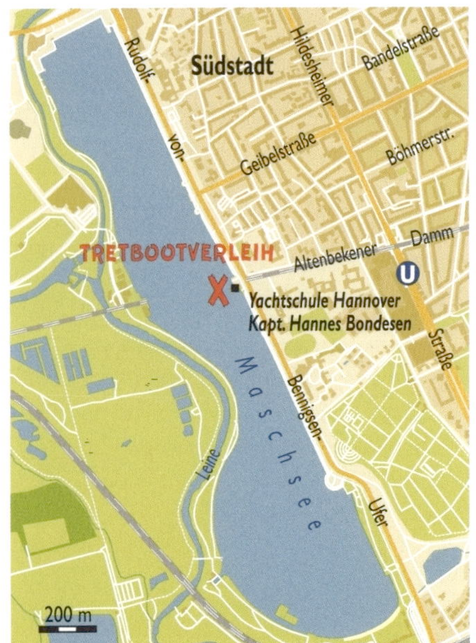

dann zwischen 1934 und 1936 von Tausenden Erwerbslosen für einen Stundenlohn von 64 Pfennig ausgehoben.

Das waren dunkle Tage, heute aber scheint zum Glück die Sonne und am besten, man leiht sich auf Höhe der Seemitte ein Bötchen, dann sind die Entfernungen zu Nord- und Südufer nicht ganz so weit. Und am besten ist es auch, am frühen Abend zu starten, da ist das Licht am schönsten. Die Boote bieten üblicherweise Platz für zwei bis vier Personen, und selbst mit kleinen Kindern ist eine Ausfahrt wenig gefährlich, da sie mit Schwimmwesten ausgestattet werden, sicher ist sicher.

Und dann geht es auch schon los, erst tritt man nach links, schiebt sich vorbei am von Spaziergängern, Fahrradfahrern und Skatern

Das kleine Glück im kleinen Boot ist nicht selten schöner als das große.

stark frequentierten Ufer, zieht vorbei am Löwenpaar, den beiden Skulpturen von Arno Breker, zieht vorbei am Schwimmer, einer weiteren Skulptur, und so geht es weiter und immer weiter. Man wirft einen Blick auf das imposante Strandbad, lässt die Westseite des Ufers an sich vorbeigleiten, die stillere, verkehrsabgewandte Seite, sieht Bootshäuser und Liebespaare, die sich im weichen Abendlicht umarmen, und lässt sich von der eigenen Kraft Richtung Norden tragen, dabei stets die Silhouette der Stadt im Blick. Hat man sich dann nach ein, zwei Stunden sattgesehen, geht es zum Bootsverleiher zurück, die Muskeln sind inzwischen auch längst müde. Mit dem befriedigenden Gefühl, sich seinen Weg selbst erschlossen zu haben, kehrt man an das Ufer zurück. Inzwischen hat sich auch der Verkehr gelegt. Und unter hohen Linden trinkt man zum Ausklang des Abends auf der Promenade ein Bier.

FAZIT: TOUR MIT GARANTIERT HOHEM ERHOLUNGSFAKTOR.

Hin & weg: Es gibt verschiedene Anbieter, etwa die Yachtschule Hannover Kapt. Hannes Bondesen in Höhe Altenbekener Damm neben dem Pier 51. Saison ist in der Regel von April bis Anfang Oktober. Mit der Stadtbahn 1 oder der U8 bis Altenbekener Damm, dann 11 Min. Fußweg bis zum Pier 51. Mehr Informationen unter Tel. 0511 8060534, www.yachtschule-hannover.de

Beste Zeit: Frühling, Sommer.

Dauer: 1–3 Std.

Ausrüstung: Gegebenenfalls Sonnenschutz. Warmer Pullover für den Fall der Fälle.

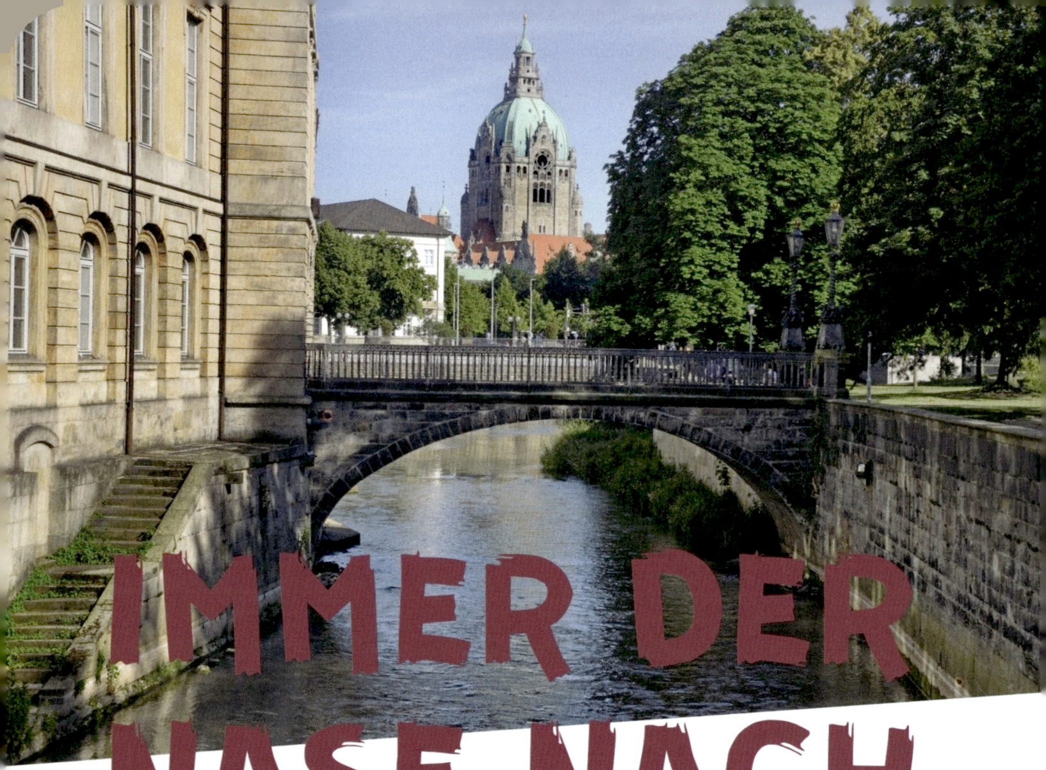

IMMER DER NASE NACH

... entlang des roten Fadens durchs Zentrum

#16

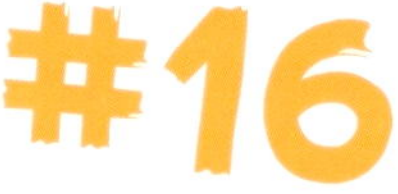

Zugegeben, der rote Faden ist nicht eben neu, deswegen muss er aber noch lange nicht langweilig sein. Im Gegenteil: Entlang der Tour lassen sich Hannovers Highlights ganz wunderbar auf einem Rundgang erleben.

#Spaziergang #aufeinenBlick #Sightseeingmalanders

→ ABSTECHER

Von wegen: Nichts ist doofer ... Hannover kann auch anders – mit dem Opernhaus etwa.

Highlights gibt es überall in Hannover; das Beste aber ist, man folgt dem roten Faden, dann kann einem nichts entgehen. Die Tour startet an der Touristeninformation – von dort folgt man dem roten Strich auf der Straße, der links des Hauses beginnt.

Entlang der Galerie Luise geht es zum Opernhaus. Und ja, da staunt der Fremde, der Hannover immer nur mit Nachkriegsarchitektur verbindet. Als Königliches Hoftheater in den Jahren 1845 bis 1852 erbaut und nach einem Fliegerangriff 1943 zerstört, ist es dann 1950 quasi aus den Trümmern auferstanden.

Georgstraße und der Georgsplatz mit dem angrenzenden Opernplatz bilden den nächsten Halt; ein Platz mit Bänken und Blumen – und mit dem Mahnmal für die ermordeten Juden, die zur Zeit des Nationalsozialismus von hier aus ihren Weg ins KZ antreten mussten. Die beiden Skulpturen gegenüber, das sind die Herren Louis Stromeyer und Karl Karmarsch; Karmarsch, der erste Direktor der Polytech-

nischen Schule. Weiter entlang der Breiten Straße (früher befand sich hier das Aegidientor) und zur Aegidiendenkirche, von dort bis zur Galerie Kubus und dem Bogenschützen, und hat man alles richtig gemacht, landet man nun vor dem Neuen Rathaus.

Jetzt folgt das Museum August Kestner, links geht es dann zur Waterloosäule, rechts führt die Schlossbrücke über die Leine – und hier am Hohen Ufer sollte man sich zum Pausieren niederlassen, den Blick dabei auf die berühmten Nanas. Jeden Samstag findet hier ein Flohmarkt statt, der älteste Deutschlands, man sollte ihn wirklich nicht verpassen. Jetzt geht die Reise weiter in die Altstadt, und sollte der Rote Faden plötzlich wegen Straßenbauarbeiten im Nichts verschwunden sein, keine Sorge. Am Ende landet man beinahe automatisch vor einer Reihe schön restaurierter Fachwerkhäuser, so großflächig ist das hier alles nicht. Von dort sind es nur noch wenige Meter bis zu Hannovers ältestem Haus im Viertel rund um die Kreuzkirche.

Der rote Faden umfasst insgesamt 56 Plätze, die Idee dazu entstammt dem amerikanischen Boston, und weil sich das Ganze auch in Hannover so gut etabliert hat, wurde das Konzept weltweit von anderen Städten kopiert. Jetzt fehlen nur noch das Leineschloss, das Leibnizhaus, das Alte Rathaus und die Markthalle, und mit jeder weiteren Station wird einem die Stadt vertrauter. Bevor man sich am Bahnhof schließlich verabschiedet, beugt man sich – pssst, mal eben hinhören – nahe der Straßenbahnschienen über den Kanaldeckel. Hier legt rund um die Uhr Hannovers Gully-DJ auf.

Hannovers Sehenswürdigkeiten wie Perlen auf einer Schnur – dank des roten Fadens. Hier ein Blick auf die Fachwerkhäuser in der Altstadt.

FAZIT: EIN SPAZIERGANG DURCH EINE STADT MIT GESCHICHTE, KUNST UND SPANNENDER ARCHITEKTUR.

Hin & weg: Die Touristeninformation befindet sich nur wenige Meter vom Hauptbahnhof entfernt. Mehr Infos, Termine und Öffnungszeiten unter www.hannover.de

Beste Zeit: Ganzjährig bei gutem Wetter und nach Lust und Laune. Jeden Samstag – auch im Winter – lohnt sich ein Besuch auf dem Altstadtflohmarkt. Die Öffnungszeiten für Sommer und Winter sowie weitere Infos unter www.altstadt-flohmarkt.de

Dauer & Strecke: 2–4 Std., je nach Lust und Laune, etwas über 4 km.

Ausrüstung: Bei Bedarf Regensachen, Fotoapparat.

→ ABSTECHER …

UND ALLES IST ZEN

… im japanischen Teegarten im Stadtpark

#17

Die Herrenhäuser Gärten – gut, man kennt sie wahrscheinlich. Wie wäre es stattdessen mal mit einem Besuch im Stadtpark und dort mit einem Abstecher in den japanischen Teegarten? Senshin-tei nennt er sich, was so viel bedeutet wie: Reinigung des Geistes.

#Japangarten #positivevibes #EntspannungfürdieSeele #Meditation

Ruhe finden, entspannen, dem Spiel des Wassers zuschauen – ein Besuch im Stadtpark wird zum Balsam für die Seele.

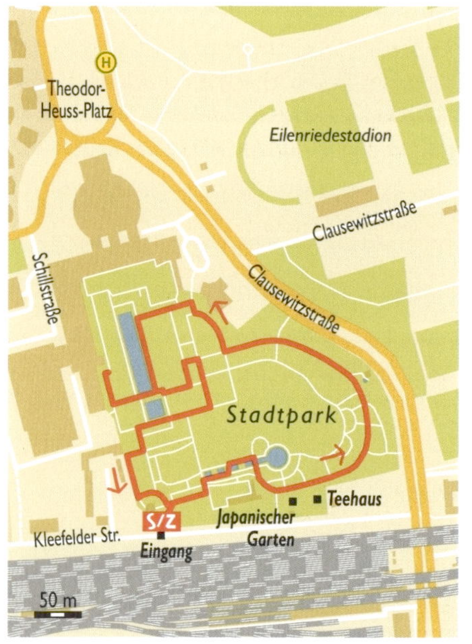

Man sollte gleich morgens kommen. Dann, wenn überall noch die Rasensprenger mit beruhigendem Klang ihre Arbeit verrichten, dann, wenn der Tag noch im Werden ist. Dann tritt man von der Kleefelder Straße hinein, ein Zug eilt vielleicht gerade hinter dem Rücken vorbei, Frauen und Männer hasten auf Rädern zur Arbeit, der Verkehr der Schnellstraße ist noch zu erahnen. Was nun mit einem passiert, lässt sich kaum beschreiben. Einem schweren Mantel gleich gleitet der Druck der Stadt von einem ab, der Frieden des Gartens nimmt einen gefangen, alles wirkt, als sei man nach langer, beschwerlicher Reise in einer Oase des Glücks angekommen.

Nun könnte man sich zunächst dem Rosengarten gegenüber dem Eingang zuwenden und sich dem Duft der Blüten hingeben. Man

Beim Spaziergang im japanischen Garten wächst der Wunsch, auch mal an einer Teezeremonie teilzunehmen.

könnte sich auch an die Wasserteiche setzen und das Morgenbad der Enten beobachten. Stattdessen aber geht man nach rechts, geht noch ein paar Meter, tritt wieder nach rechts und findet sich am japanischen Garten wieder. Entweder tritt man nun durch das Bambustor oder steigt rechts durch das kleine Fenster, es führt in den inneren Garten. Im Idealfall geht man rückwärts und ohne Schuhe hindurch, auf diese Weise, so heißt es, könne man zu innerer Demut gelangen.

Senshin-tei nennt sich der Teegarten, und der Name kommt nicht von ungefähr. Übersetzt bedeutet er Reinigung des Geistes – und wer das verstehen will, folgt dafür den im Boden eingelassenen Trittsteinen und setzt sich für einige Minuten in das Wartehäuschen oder auf das Steinarrangement Tsukubai, was wiederum so viel bedeutet wie: der Ort, an dem man niederknien muss. Mit etwas Glück hat man die nächsten Minuten für sich allein, wer kann, verschränkt im Lotossitz die Beine übereinander, spannt den Rücken an und schließt die Augen, ommmm.

Der Teegarten ist ein Geschenk der japanischen Stadt Hiroshima, Hannovers Partnerstadt. Er ist nicht übermäßig groß, es gibt sicher spektakulärere, gerade aber in seiner Zartheit und Zierlichkeit berührt er den Besucher. Und wer ihn verlässt, wird den Wunsch verspüren, wiederzukehren, vielleicht ja dann zu einer der monatlich angebotenen Teezeremonien. Wer jetzt noch die Muße hat, schlendert weiter über das Areal oder verlässt mit etwas leichteren Schultern den Garten – gut gewappnet für den Alltag der Großstadt.

FAZIT: STATT YOGA UND PERFEKT FÜR EINEN SOMMERMORGEN.

Hin & weg: Mit dem Fahrrad über die Kleefelder Straße oder mit dem Bus Linie 128 oder 134 bis Hannover Congress Centrum.

Beste Zeit: Frühjahr und Sommer. Anmeldungen zur Teezeremonie und Termine unter www.teezeremonie-zen.de/vorführungen

Dauer & Strecke: 2–3 Std., Rundweg 2 km.

Ausrüstung: Kamera, ein Kissen.

Unterwegs im Großstadtrevier

#18

Man kann dem Adel ja viel vorwerfen, in diesem Fall aber ist ihm immerhin eine der schönsten Parkanlagen Hannovers zu verdanken. Der Tiergarten ist eines der ältesten Wildgehege Deutschlands – mit viel Wild, Wald und auch einiger Wildheit.

#naturelovers #Morgenspaziergang #lohntsich

Im Herbst bezaubert der Tiergarten mit buntem Laub.

Es gibt solche Herbsttage und es gibt solche, und an einem solchen, wenn morgens sich langsam die Kälte auflöst und die Sonne ein Versprechen gibt, sollte man in den nächsten Stunden nichts anderes vorhaben und in den Osten der Stadt reisen. Zum Tiergarten mit seinen 112 Hektar Wald.

Hinter dem Haupteingang geht man zunächst ein paar Meter nach links, vorbei an der 1000-jährigen Eiche (die in Wirklichkeit aber nur 650 Jahre alt ist). Dann dauert es nicht lange, und man erblickt die ersten Rehe und Hirsche, nicht eingezäunt, sondern mitten auf dem Weg, quasi zum Anfassen, es ist, als habe man sich in einen Märchenwald verirrt.

Angelegt wurde die Anlage im 17. Jahrhundert als eine Art Freizeitpark für den Adel; Herzog Johann Friedrich fand es praktischer, in einem eingezäunten Gelände auf Jagd zu gehen, und dass man seinerzeit für ihn 120 Stück Damwild aussetzte, er dann aber die erste Hofjagd 1680 nicht mehr erlebte, nennt man wohl Ironie der Geschichte. Der feine Herr erlag auf einer Reise nach Italien einem Herzleiden. Bis heute ist der Damwild-Bestand im Tiergarten weitgehend konstant geblieben, mit Ausnahme der Jahre 1945 bis 1948; die Hungersnot der Bevölkerung war zu groß.

Von welcher Seite man den Park nun durchquert, ist im Prinzip Ansichtssache, er lässt sich aber gut in einem Rundgang erschließen, je zur Hälfte besteht er aus Wiese mit einzelnen Bäumen und zur Hälfte aus geschlossenem Wald; Zäune schützen die Bäume dort vor dem Wild, und wer lieber im Schatten der uralten Eichen, Kastanien und Hainbuchen sitzt, ist dort gut aufgehoben.

Es ist ganz klar, wer hier das Hausrecht hat. Und weil man im Tiergarten der Natur so nah wie nur möglich kommt, ist der Park bei Alt und Jung beliebt.

Oder man hangelt sich entlang der Wege, die sich sternförmig aufeinander zu bewegen. Es geht vorbei am Teich und am Wassergraben, vorbei an der Freivoliere mit den Tauben und Hühnern, vorbei an Futterplatz und Fachwerkscheune. Und vielleicht hat man ja Glück, und die Hirsche kämpfen zur Brunftzeit ohne Scheu miteinander. Ihr Röhren tönt, die Geweihe schlagen aufeinander, es ist ein Hauen und Stechen. Oder vielleicht haben die Wildschweine im Gehege gerade Nachwuchs, und während die Großen träge in der Sonne schlafen, hoppeln die Kleinen munter über den Sand und schnüffeln neugierig umher.

Wer mag, lässt sich hier zu einer Pause nieder oder nimmt sich vor, ein anderes Mal wiederzukommen. Eine gute Gelegenheit ist alljährlich der jeweils zweite Samstag im Oktober, zum Tiergartenfest.

FAZIT: AUF FOTOSAFARI MITTEN IN DER STADT UND AUF AUGENHÖHE MIT REHEN UND WILDSCHWEINEN.

Hin & weg: Mit der Stadtbahnlinie 5 bis Haltestelle Tiergartenstraße. Öffnungszeiten und weitere Infos zum Tiergarten unter www.visit-hannover.com und unter www.hannover-park.de

Beste Zeit: Herbst.

Dauer & Strecke: 2–3 Std., eine Runde durch die Anlage knapp 4 km.

Ausrüstung: Kamera, Fernglas.

IN LUFTIGER HÖHE

… auf der 14. Etage des Conti-Hochhauses

#19

Hoch hinaus und noch höher; das geht am besten im Continental-Hochhaus. Von dort aus genießt man einen spektakulären Blick über die Stadt – und mit Glück und zur rechten Zeit auch auf einen Sonnenuntergang.

#Weitsicht #Panorama #bestview #Hannoveristschön

Vorbei am Pförtner, mit einem freundlichen Hallo, dann ins Foyer und ab in den Fahrstuhl. Auf geht es nach ganz oben, immer höher, hoch hinaus, so hoch, dass man den Eindruck haben kann, sich mit den Vögeln auf Augenhöhe zu befinden. Wenige Augenblicke später ist man auch schon da, in der 14. Etage, und von hier aus ist der Blick spektakulär. Die drei warmen Brüder, die Kraftwerkstürme in Linden, sogar die Höhenzüge des Deisters sind zu erkennen und gegenüber auf der anderen Seite der Telemax.

Löst man sich dann vom Blick und steigt noch zwei Treppen höher, liegt einem Hannover von einer noch mal anderen Seite zu Füßen. Das Welfenschloss, das Hauptgebäude der Uni, das an Cambridge erinnert; ganz hinten eine Windkraftanlage, das Kraftwerk in Stöcken, Wahnsinn. Schade, dass die letzten Besucher ihre Flaschen und ihren Müll liegen lassen haben, und auch die Scheiben könnten mal wieder eine Reinigung vertragen.

In Blickkontakt mit den drei warmen Brüdern vom Heizkraftwerk in Linden – und im Hintergrund die Berge.

Entstanden 1951 bis 1953 als Verwaltungsgebäude des Reifenherstellers Continental AG, galt das Conti-Hochhaus zu dieser Zeit als höchstes Gebäude der damals noch jungen Bundesrepublik Deutschland. Und mit dem elegant geschwungenen, weitläufigen Vordach und dem wunderbaren Entree und Treppenhaus stand es zugleich bildhaft für den Wiederaufbau des Landes. Mitte der 1990er-Jahre übernahm die Leibniz Universität Hannover den Gebäudekomplex – bedauerlich nur, dass nicht jeder die Schönheit des Hauses zu erkennen und zu schätzen weiß. Denn völlig zu Recht steht das Haus seit den 1980er-Jahren offiziell unter Denkmalschutz.

Auch deshalb sollte man, bevor man sich mit dem Fahrstuhl wieder abwärts bewegt, das Treppenhaus noch einmal genau anschauen; das Licht, wie es sich in den Fenstern bricht, und vielleicht verabschiedet sich in diesem Moment gerade auch die Sonne. Eine gute Gelegenheit, jetzt einen Schluck vom mitgebrachten Piccolo zu trinken. Ein Prost auf den Blick und zum Wohl des Hauses.

FAZIT: MEHR AUSSICHT GEHT KAUM – PERFEKT AUCH FÜR SONNENUNTERGÄNGE.

Hin & weg: Vom Hauptbahnhof zu Fuß bis Station Kröpke, dann Linie 4 bis Königsworther Platz.

Beste Zeit: Ganzjährig.

Dauer: 1–2 Std.

Ausrüstung: Fernglas, Kamera, Piccolo und zwei Gläser.

rozer 1

VÖLLIG LOSGELÖST

... auf Fotosafari im Ihme-Zentrum 

#20

Einst war das Ihme-Zentrum als Vision für eine nahe Zukunft erdacht, heute ragt der gigantische Komplex einer Mahnung gleich in den Himmel – als Erinnerung, es nicht zu übertreiben. Und dennoch ist das Bauwerk ein spektakuläres Fotomotiv.

Am Ihme-Zentrum scheiden sich die Geister. Als Fotokulisse macht die Problemimmobilie allerdings noch immer eine gute Figur.

So ganz lost ist der Place ja nicht, noch immer leben dort weit über 2000 Menschen. Doch weite Teile des gigantischen Wohn-, Büro- und Einkaufscenters stehen leer, und es ist gerade die Zerrissenheit, die Mischung aus Vergangenheit und Gegenwart, die das in vielen Teilen morbide, verfallende Ihme-Zentrum so reizvoll macht.

Das Betonungetüm im Stadtteil Linden war einst als Stadt in der Stadt geplant, Mitte der 1970er-Jahre wurde es in einem Stück hochgezogen, mit den am Ende 60 000 Quadratmetern Einkaufsfläche und einer Wohnfläche von 56 000 Quadratmeter galt es damals als eine der größten Baustellen Europas. Der Erfolg und die Akzeptanz in der Bevölkerung jedoch blieben auf der Strecke, und heute nun hockt der Klotz einem waidwunden Tier gleich an der Ihme, und jeder, der dem Gebäude das erste Mal gegenübersteht, überfährt ein leich-

Blick in die Katakomben und weit hinaus. Das Ihme-Zentrum lässt viele Ansichten zu.

ter Schauer. Ob der Grobheit. Der Brutalität. Des Gigantismus.

Es gibt verschiedene Wege, sich der Problemimmobilie zu nähern, am besten startet man an der Gustav-Bratke-Allee auf Höhe der Ihme, geht vorbei am Capitol, einem Konzert- und Partyclub, geht die Ihme-Passage längs und steigt bei der nächstbesten Gelegenheit hinab in die Tiefgaragen, und es wirkt, als wäre man in einen Independent-Film geraten. Die Gänge sind nur mäßig beleuchtet, Neonlicht flackert, Tauben flattern, Wasser tropft von den Wänden und bildet Pfützen auf dem Boden; und während einen eben noch ein mulmiges Gefühl beschlich, vertreibt die Kamera im Anschlag nun alle Scheu, und mit jedem weiteren Foto steigt die Lust, sich weiter ins Innere zu bewegen.

Schließlich aber führt der Weg wieder nach oben, irgendwann steht man dann mitten auf einer Plaza, von der man die einstige Bestimmung noch erahnen kann. Geschäfte hatte es hier gegeben, Menschen trafen sich hier zur Pause, das Ganze ein Hort der Geschäftigkeit. Der Blick geht über die Ihme, die Ansicht ist noch immer spektakulär, ganz hinten ist die Leibniz Universität zu erkennen, rechts die Kuppel des Neuen Rathauses. Erst glaubt man, sich verhört zu haben, dann sind tatsächlich Kinder zu sehen; das Ihme-Zentrum, stellt sich heraus, beherbergt noch immer eine Kita, ausgerechnet an einem Ort also, von dem man es am wenigsten erwartet hat. Vergangenheit, Gegenwart; alles findet zusammen – und wer weiß; eines Tages erobern vielleicht die Hannoveraner doch noch das Ihme-Zentrum zurück; bis dahin aber bleibt es eines des spannendsten und eigenwilligsten Fotomotive der Stadt.

FAZIT: SPANNENDER PLATZ MIT MORBIDEM CHARME. MUSS MAN GESEHEN UND VOR ALLEM FOTOGRAFIERT HABEN.

Hin & weg: Mit dem Bus 300 Richtung Pattensen, bis Station Schwarzer Bär.

Beste Zeit: Ganzjährig.

Dauer: 2–3 Std.

Ausrüstung: Kamera.

---

2. KAPITEL AUSFLÜGE

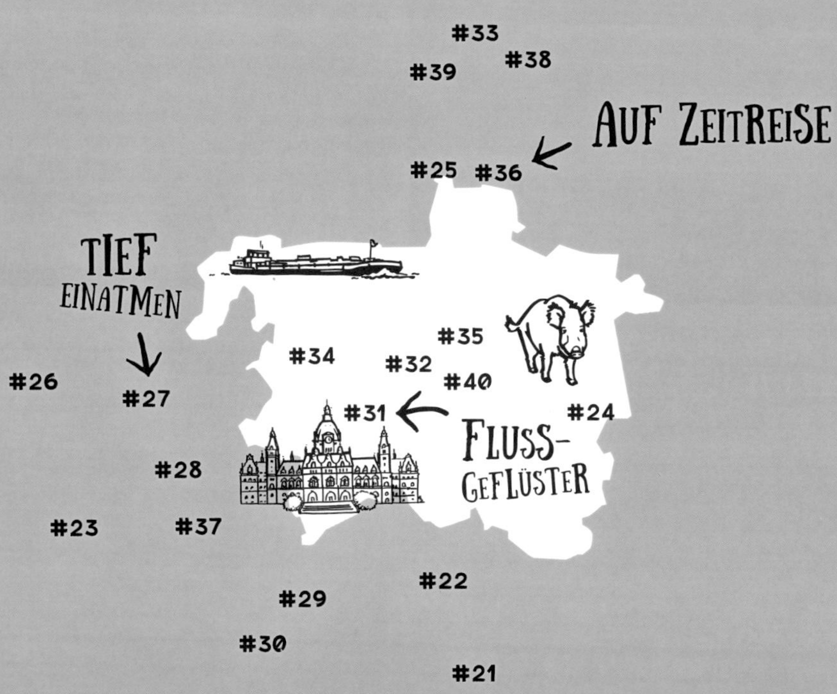

Raus für einen Tag

Naschen auf allen vieren, den Vögeln beim Schnattern zusehen oder der Spur der Steine folgen – einen Tag den Akku aufladen, jeder, wie er mag.

12H

SEEN VORAUS

... an den Koldinger Seen

Rechts, links, geradeaus, Wasser, so weit das Auge reicht – an den Koldinger Seen zeigt sich der Raum Hannover von seiner schwedischen Seite. Und mit etwas Glück lässt sich sogar Nils Holgersson blicken.

#SchwedenStyle #Vögelbeobachten #Leine #nicetosee

Natur im Blick und so weit das Auge reicht. Leine und Koldinger See als Auszeit für die Seele.

Das Gute liegt so nah, und ein schönes Beispiel dafür sind die Koldinger Seen in der südlichen Leineaue. Lebensraum aus zweiter Hand wird die Landschaft auch gern genannt, weil sich das Areal dem Kiesabbau in früherer Zeit verdankt; entstanden sind daraus mehr als ein Dutzend Seen mit einer Wasserfläche von rund 190 Hektar. Die Region ist heute durchzogen mit Rad- und Wanderwegen, und wer sich ihr das erste Mal gegenübersieht, wähnt sich in Schweden. Wasser, so weit das Auge reicht, kleine Inselchen, grün gesäumte Ufer. Und queren dann noch die Gänse mit schwerem Flügelschlag den Blick, erkennt man mit etwas Glück Nils Holgersson auf dem Rücken eines der Tiere. Tatsächlich spielt die Jahreszeit bei diesem Ausflug kaum eine Rolle, alles hat seinen Reiz, die satte Landschaft des Sommers, die Blüten im Frühling, der Herbst mit seinen Farben und auch der unwirtliche karge Winter.

Das Gute liegt so nah: An den Koldinger Seen lässt es sich gut wandern oder die Landschaft radelnd erfahren.

Man nähert sich dem Gebiet auf einer schönen Route von Koldingen aus, die Kilometer erlaufen sich entspannt. Man folgt zunächst der Bundesstraße Richtung Norden – und auch wenn der Verkehr hier etwas anstrengend ist, keine Sorge, es wird bald besser. Nach ein paar Minuten Fußmarsch erreicht man eine Brücke über die Leine; kurz danach biegt man nach rechts und folgt dem Weg bis zum Parkplatz Koldinger Teiche.

Nun wird der Rucksack samt Fernglas und Proviant geschultert, weiter geht es entlang des Weges zwischen beiden Teichen hindurch; rechts liegt der Große Koldinger See, an seinem Ufer führt die Route entlang. Und so geht es immer weiter, Schwäne begleiten schwimmend die Route, der Frühling setzt alles in Knospe und Blüte, und auf dem Aussichtsturm packt man das Fernglas aus und genießt die Aussicht.

Danach geht es am Ufer weiter, und eine Tafel an der Strecke verrät, dass neben Schwänen auch Kraniche und Neuntöter hier zu Hause sind. Seit 2001 stehen Flora und Fauna unter Naturschutz, im Frühjahr und Herbst lassen sich Tausende von Zugvögeln auf ihrem Weg zu ihren Brut- und Winterquartieren beobachten. Noch allerdings liegt eine beinahe meditative Stille über dem Ganzen, und mit jedem weiteren Schritt fühlt man sich von der Natur aufgenommen; das klare blaue Wasser, dazu der blaue Himmel – alles führt zusammen.

Wer mag, biegt am Ende des Ufers für eine weitere Runde nach links und umkreist die benachbarten Teiche. Oder man läuft wieder zurück zum Ausgangspunkt – und gibt sich selbst das Versprechen, zum großen Vogelzugtreffen wiederzukommen.

FAZIT: WANDERUNG MIT NAHEZU MEDITATIVEM CHARAKTER DURCH WEITE SEENLANDSCHAFT.

Hin & weg: Mit der Stadtbahn 2 Richtung Rethen, von Rethen weiter nach Koldingen mit dem Bus 341.

Beste Zeit: Ganzjährig.

Dauer & Strecke: 5–6 Std., knapp 7 km.

Ausrüstung: Wanderschuhe, Kamera, Fernglas, Proviant.

AB DURCHS DICKICHT

... auf Bibertour entlang der Alten Leine

#22

In der Natur abtauchen. Ein Puzzle lösen. Dem Biber Guten Tag sagen. Auf einer Tour durch das Gebiet der Alten Leine gibt es viel zu erleben und viel zu erlernen.

#Spurensuche #wildlife #Bibertour #Heimatliebe #luckyday

Auswärtige mögen es ja immer nicht glauben. Hannover aber ist tatsächlich so grün, dass sich selbst der fast ausgestorbene Biber wohlfühlt. Etwa 50 Tiere leben in der Region, und es werden immer mehr. Nun ist der Biber allerdings ein sehr scheues Wesen, doch wer sich in sein Revier begibt, kann zumindest seine Spuren überall finden. Die Route startet am Wiesendachhaus in Laatzen, einem Lokal mitten im Grünen mit einem der schönsten Biergärten Hannovers. Am Tresen lässt man sich den Biber-Rucksack geben, darin findet sich alles Wichtige: Karte zur Tour, Naturführer und vor allem zu jeder Station ein Säckchen mit Informationsmaterial. Die Route beginnt am Ende der Talstraße in Alt-Laatzen, und dann geht es auch schon los. Vorbei an Wiesen und Teichen, auf Feldwegen, mit Glück begegnet man einem freundlichen Reiter, mit Glück ist es ein sonniger Tag.

Die erste Station führt über die Leine, und an der Stelle auch wird das erste Säckchen geöffnet. Es geht um das Thema Nutzen, und so erfährt man, dass ohne den Biber die Welt heute eine andere wäre. Mit seiner Hilfe nämlich entstehen immer neue Kleingewässer und Feuchtgebiete, sie bilden die Lebensräume für andere Tiere, nicht wenige von ihnen stehen auf der Roten Liste gefährdeter Arten.

Hin & weg: Eine Busverbindung gibt es leider nicht. Man kann das Wiesendachhaus aber prima in etwa 30 Min. vom Bahnhof mit dem Fahrrad erreichen; dafür immer am Maschsee entlang, durch Wülfel und an der Wilkenburgerstraße dann rein ins Naturschutzgebiet. Von dort aus direkt zum Wiesendachhaus.

Beste Zeit: Ganzjährig.

Dauer & Strecke: Mit Pausen 5 Std., 3 km.

Ausrüstung: Kamera, Proviant.

Wo lebt der Biber, wie lebt er? Nach und nach lüftet sich bei dieser Tour sein Geheimnis.

Weiter geht's am Ufer der Leine entlang, die Vögel singen, und dann kommt auch schon Station 2, und im zugehörigen Beutelchen wird es richtig spannend. Ein Puzzle muss gelöst werden, es ist nicht ganz einfach, nach einigen Minuten des Hin-und-Herschiebens aber entsteht daraus: ein Biber in Originalgröße. Nach Station 2 geht es dann zu Station 3 (Familie), zu Station 4 (Spuren), zu Station 5 (Nahrung), es geht zu den malerischsten Plätzen, insgesamt sechs Stationen umfasst die Route. Vom Ufer der Leine geht es an der nächsten Abzweigung nach links, dann weiter dem Weg folgen, rechts ist ein Teich zu sehen, immer weiter, und wer am Ende alles richtig gemacht hat, landet wieder beim Wiesendachhaus und belohnt sich mit einem Glas Bier. Wer danach noch mehr über den Biber wissen möchte, der liest sich ein in den im Rucksack verstauten Tier- und Pflanzenführer.

FAZIT: TOLLE WANDERUNG DURCH SCHEINBAR UNBERÜHRTE NATUR. AUCH FÜR KINDER GUT GEEIGNET.

FRÜHLINGS-ERWACHEN

... auf der Schaumburg im Schaumburger Land

Schon von Weitem ist sie zu sehen. Die Schaumburg, früher auch Schauenburg genannt. Majestätisch thront sie am Hang des Wesergebirges. Sie gab dem Grafengeschlecht der Schaumburger und ihrem Land an der Weser den Namen.

#Burgfräulein #château #annodazumal #Rittersleut

Auf einen Plausch beim Turmfräulein: Im Schaumburger Land wird es märchenhaft.

Man startet am unteren Steintor, von dort führt der Weg über Pflastersteine hinauf, am blauen Himmel streifen Flugzeuge, die ersten Vögel des Frühlings singen, still und friedlich liegt die Anlage in der Sonne.

Am besten geht man zuerst hoch zur Aussichtsplattform und schaut dort über das Wesertal. Links am Horizont verbirgt sich sich Hessisch Oldendorf, gefolgt vom kleinen Ort Fischbek, bekannt für sein Kloster, ein Stück weiter östlich davon lässt sich Hameln erahnen. Noch zeigt sich das Land in sanften Brauntönen, doch die ersten Krokusse geben ein Versprechen – schon bald wird der Frühling die Burg einnehmen, alles in Blüte stehen.

Außer historischen Mauern und hohen Türmen erwarten den Besucher in der Burg Schaumburg auch alte Steininschriften, Fachwerk und Kopfsteinpflaster.

Nach einem langen Blick wendet man sich nach rechts und geht zum Georgenturm, auch Dicker Turm genannt. Eine blaue Tür öffnet sich, und im Schatten der Mauern steigt man langsamen Schrittes die knarzenden Stufen nach oben. Höher, immer höher führt der Weg, und mit jedem Schritt schrumpft das untere Burgtor unter dem Blick. Schon fast auf Augenhöhe erhebt sich dann gegenüber auf dem Paschenberg die Paschenburg, die

Ein weiter Blick über das Wesertal bis nach Rinteln eröffnet sich von der Schaumburg.

früher eine Försterei war, heute beherbergt sie ein Restaurant.

Von oben nun geht der Blick ins Burginnere, vielleicht sind von hier aus Besucher zu erkennen, vielleicht aber genießt man auch nur die Stille des Moments, draußen singen die Vögel, drinnen tanzt der Staub in der Luft. Und wenn die Zeit noch nicht allzu sehr drängt, wirft man einen genauen Blick auf das Treppengeländer; Jahreszahlen wie 1947 und 1957 sind dort eingraviert, immer wieder haben sich Menschen verewigt, jemand grüßt seine Liebste.

Wer genug gesehen hat, steigt die Stufen wieder hinab, spaziert entlang am Backhaus und dem Glockenturm, der früher mal ein Gefängnis war. Nun erwandert man sich die Burg einmal ringsherum. Um mit der Wanderung zu beginnen, geht man zurück zum unteren Burgtor; von dort begibt man sich nach links und folgt dem Hinweisschild Zum Rundwanderweg. Damit die Zeit für die etwa zwei Kilometer nicht zu lang wird, kann man – wie am Wegesrand vorgeschlagen – sich im Nachsingen des Schaumburglieds oder des Rosenthaler Liedes üben, die Strophen und Noten sind vorgegeben. Und so singend und spazierend geht es durch den frühlingserwachenden Wald. Nach einer halben Stunde etwa steht man wieder am Ausgangspunkt. Wer mag, stärkt sich nun im benachbarten Restaurant mit einem Stück Kuchen. Und nimmt sich dabei vielleicht vor, an einem lauen Abend im Sommer wiederzukommen.

Tipp: Lohnend ist auch die etwa halbstündige Wanderung von der Schaumburg zum Gasthaus Paschenburg auf dem Kamm des Wesergebirges mit seiner herrlichen Aussichtsterrasse.

FAZIT: FRÜHLINGSAUSFLUG FÜR JUNG UND ALT.

Hin & weg: Mit dem Auto über die A2 oder mit dem Regionalzug nach Rinteln. Von dort die 10 km mit einem Leihrad weiter.

Beste Zeit: Ganzjährig.

Dauer & Strecke: Mit Pausen 3–4 Std., 2 km.

Ausrüstung: Feste, bequeme Schuhe, Fernglas für die Aussicht.

VOM OSTEN IN DEN WESTEN

... am Mittellandkanal entlang

#24

Flach, gut befestigt und immer am Wasser entlang: Die Radroute am Mittellandkanal zeigt Hannover von einer anderen Seite, und auch die ersten wärmenden Sonnenstrahlen des Frühlings begleiten dabei den Reisenden.

#amWasserentlang #stadtnaheRadtour #Frühlingsgefühle

Vorbei an Mühlen und mehr auf zumeist befestigten Wegen und die Sonne im Gesicht.

Die Tour startet in Anderten an der Schleuse, das hat den Vorteil, dass man noch wunderbar einen kurzen Blick rundum werfen kann. Von hier geht es mit frischem Elan immer Richtung Westen; Schiffe ziehen vorbei, es ist einer dieser ersten warmen Frühlingstage, endlich mal wieder raus, endlich mal wieder Sonne im Gesicht.

Am Erlebnisbiergarten fährt man das erste Mal über eine Brücke auf die andere Seite. Man passiert den Wasserturm von Misburg, dann führt der Weg weiter vorbei an der Buchholzer Mühle, und das wirkt tatsächlich so, als habe man sich mal eben in die Niederlande gebeamt; Wasser, Kanal, Schiffe, Mühle, das Bild stimmt. Nach einem Stopp für ein paar Fotos geht es auch schon wieder weiter; die Wege sind meist mit feinem Kies befestigt, stellenweise sogar geteert. Autos sind des Weges verwiesen, und obwohl es keine durchgängige Beschilderung gibt, können sich Radler kaum verfahren.

Dann wechselt man entweder auf Höhe der Eisenbahnbrücke noch einmal auf die andere Seite des Kanals oder schlägt sich weiter auf diesem Weg entlang. Plötzlich geht es flott nach unten; der Himmel strahlt blau, die Amseln singen. Und nachdem am Lister Bad noch mal eine Brücke passiert wurde, gönnt man sich am Lister Jachthafen eine Pause.

Geradeaus und immer der Nase nach: Eine Tour am Mittellandkanal bietet einen abwechslungsreichen Kontrast zum hektischen Stadtleben.

Die Marina ist nicht besonders groß, und doch schaukeln kleine Bötchen munter auf dem Wasser, ein historischer Kran weist den Weg, und an Deck holt man sich im Schiffsrestaurant seinen verdienten Snack.

Man könnte die Tour an dieser Stelle zwar beenden und mit der Stadtbahn Richtung Bahnhof fahren, doch wer noch mehr sehen will, fährt weiter, immer weiter vom Osten nach Westen, vorbei an gut gelaunten Menschen,

vorbei am Brinker Hafen und am Mecklenburger Forst, der sich nach den eher bewegten Stadtteilen Vahrenwald und Sahlenkamp als wohltuende grüne Oase anbietet. Vielleicht legt man sich ja hier auf der Wiese zur Rast, ein Lehrpfad klärt über den angrenzenden Mischwald auf, während sich auf der anderen Seite – was für ein Kontrast – die gigantische VW-Gießerei erhebt.

Hin & weg: Mit der Stadtbahn 2 oder der Stadtbahn 5 bis Anderten Schleuse, zurück aus Seelze mit der Buslinie 700 bis Hauptbahnhof.

Beste Zeit: Frühling, Sommer.

Dauer & Strecke: Mit Pausen 4–6 Std., 22 km.

Ausrüstung: Kamera, Bargeld für einen Snack, gegebenenfalls Picknickdecke für eine Verschnaufpause.

Von hier aus ist es nicht mehr weit bis Wunstorf/Seelze. Und wenn man sich schon mal so weit vorgearbeitet hat, sollte die Flutbrücke nicht verpasst werden: Der Mittellandkanal überquert hier auf einem 1800 Meter langen Aquädukt das Überschwemmungsgebiet der Leine. Rasten. Schauen. Staunen.

FAZIT: EINE DER SCHÖNSTEN MÖGLICHKEITEN, DIE STADT AUS ANDERER PERSPEKTIVE KENNENZULERNEN.

FLUGZEUGE IM BAUCH

Ein Gefühl für die große weite Welt – am Flughafen Hannover stellt es sich schnell ein. Während die meisten hier aber hektisch der Zeit hinterherzurennen scheinen, nimmt man sie sich und atmet durch.

Am besten nimmt man das Rad, startet am Hauptbahnhof und lässt sich treiben. Immer die Schulenburger Landstraße entlang, aus der irgendwann die Hannoversche Straße wird, nach etwa 40 Minuten geht es rechts in die Heldstraße, dann in Nordstraße – und schon ist man in der großen weiten Welt.

Es ist tatsächlich ein besonderes Gefühl, zu sehen und zu erleben, wie alle dem Reisestress verfallen, man selbst aber trägt alle Zeit, alle Ruhe in sich. Und so stärkt man sich auf der Aussichtsplattform erst einmal mit einem Kaffee, lehnt sich entspannt zurück und genießt den exklusiven Rundumblick auf die Landebahn.

Kiew, Kopenhagen, Helsinki; Langenhagen führt die Welt zusammen, und dass ein paar Kilometer entfernt von hier der erste historische Motorflug gelang, ist eine hübsche Fuß-

Aus unmittelbarer Nähe das Andocken der großen Jets erleben und bei einem Kaffee die Starts und Landungen der Maschinen verfolgen – ein Besuch auf der Aussichtsplattform macht es möglich.

note der Geschichte. Der Beamte Karl Jatho aus Hannover startete hier vier Monate vor den Gebrüdern Wright mit einem selbst gebastelten Zweidecker in die Luft, allein, es fehlten die fotografischen Beweise für die Leistung des Flugpioniers. Und dann sieht man sie auch schon anrollen, die Nachfahren der Flugzeuge von Wrights und Jatho, einer Linie folgend, parken sie perfekt fürs Foto unterhalb der Plattform.

Hat man sich dann irgendwann sattgesehen an der Technik, schwingt man sich wieder auf das Fahrrad und startet zu einer spannenden Tour rings um den Flughafen. Über 20 Kilometer erstreckt sich die Runde, im Westen liegt Schulenburg, im Norden das Naturschutzgebiet Kananohe, im Osten Rodenburg. Keine Ampel versperrt den Weg. Man ist mittendrin im Geschehen und trotzdem weit weg. Ankommen, ohne abzufliegen – gerade in diesen Zeiten auch ein schönes Konzept.

FAZIT: EIN AUSFLUG, DER TECHNIK UND NATUR GLEICHERMAßEN VERBINDET.

Hin & weg: Anfahrt mit dem Fahrrad aus der Stadt in etwa 1 Std. Alternativ mit der S5 alle 30 Min. zum Flughafen und für die Rundtour dann vor Ort ein Fahrrad leihen.

Beste Zeit: Frühling, Sommer, Herbst.

Dauer & Strecke: Alles in allem 5–6 Std., 20 km.

Ausrüstung: Kamera, Picknick für die Rundumtour.

VON MAX ZU MORITZ

... auf den Spuren von Wilhelm Busch in Wiedensahl

Es soll tatsächlich Leute geben, die können mit Wilhelm Busch nichts anfangen. Wer dem Geburtsort des großen Dichters und Zeichners einen Besuch abstattet, wird seine Meinung ändern. Versprochen.

#DichterundDenker #Zeitreise #Klassiker #liestdunoch #Literatour

Start ist das Geburtshaus von Wilhelm Busch, dem Mann also, dem die Welt so wichtige Figuren wie Max und Moritz und Witwe Bolte verdankt. Hier wurde er geboren, hier begann sein Lebensweg, der 76 Jahre später im etwa 100 Kilometer entfernten Mechtshausen endete. Natürlich lässt sich das Dorf auch gut ohne geschichtlichen Hintergrund erwandern, mit dem kleinen Faltblatt jedoch, das es kostenlos und unübersehbar in einem Kästchen gegenüber des Museums gibt, läuft es sich gleich viel besser. Kleiner Tipp: Sollte es vergriffen sein, im Haus nachfragen.

Der Weg führt entlang der Hauptstraße, über rund drei Kilometer erstreckt er sich, man kommt vorbei am Elternhaus des großen Künstlers, wirft einen Blick in das Pfarrwitwenhaus, in dem der Zeichner und Dichter zusammen mit seiner Schwester und deren

Wiedensahl verdankt seinen Namen dem Teich in der Mitte des Ortes – dem sogenannten Sahl. Im Dorf selbst begegnet dem Besucher Wilhelm Busch auf Schritt und Tritt.

drei Söhnen eine Zeit lang lebte, es geht weiter entlang der Mauer des Oetker-Hofes (ja, auch der Erfinder des Backpulvers hat hier seine Wurzeln) und schließlich passiert man die St.-Nikolai-Kirche, auf deren Friedhof die Familie Busch unter dem in Stein gemeißelten Schriftzug »Die Liebe höret nimmer auf« beerdigt liegt.

Überhaupt ist der Friedhof ein guter Ort zum Verweilen. Denn mit etwas Glück trifft man dort auf jene Frau, die mit der Gießkanne in der Hand und viel Empathie aus dem Leben von Wilhelm Busch zu erzählen weiß. Darunter etwa jene Geschichte, wie im Ort damals jeder bemüht war, dem Künstler nicht vor den Stift zu laufen, denn anderenfalls, so erzählt sie, habe der gnadenlos selbst die peinlichsten Momente zu Papier gebracht.

Insgesamt 19 Stationen umfasst der Spaziergang, neben biografischen Informationen bietet er auch Wissenswertes zur Dorfgeschichte selbst. Und dass das kleine Wiedensahl dem großen Meister trotz dessen weltweiten Erfolgs stets wichtig war, wird an einem kleinen Schildchen am Dorfteich, dem sogenannten Sahl, deutlich.

Dort ist die Passage aus einem Brief des Meisters zu lesen: »So lieb mit die Münchener Freunde sind«, heißt es da, »das Gewurfl der Stadt, die Gesellschaften, die Kneipereien, das nächtliche Hocken, werden mir zuletzt immer peinlich. Rück ich dann wieder in mein gutes, einsames Wiedensahl auf, so fühl ich: nur hier ist meine angestammte und angewöhnte Heimstätte.« Mit der Einsamkeit hat sich seither nicht so viel geändert.

Der Spaziergang lässt sich übrigens gut im Dörp Kaffee ausklingen, dabei unbedingt den selbst gemachten Streuselkuchen probieren. Und wer Wiedensahl nicht zu Fuß erkunden will, kann sich beim Wilhelm-Busch-Geburtshaus an der Hauptstraße auch ein Fahrrad leihen. Damit wird der Weg zum Kinderspiel.

FAZIT: PERFEKTE ZEITREISE ZU EINEM GROßEN DER LITERATURGESCHICHTE.

Hin & weg: Mit dem Regionalzug bis Stadthafen, von dort weiter mit dem Bus 2121 bis Wiedensahl.

Beste Zeit: Frühling, Sommer, Herbst.

Dauer & Strecke: Alles in allem 3–4 Std., 6 km.

Ausrüstung: Kamera, gute Laune.

ES GRÜNT SO GRÜN

... beim Waldbaden in Haste

#27

Der Wald in Haste hat es im Schatten des beeindruckenden Deisters nicht ganz leicht, dabei liegt häufig und gerade auch im Kleinen der Zauber. Ein Besuch hilft, sich aufs Wesentliche zu besinnen.

#einatmenundausatmen #derWaldruft #mittendrininderNatur

Grüne Herrlichkeit in stiller Lage. Und auch der Mittellandkanal ist nicht weit.

Stehen bleiben, Augen schließen und lauschen. Ein Zilpzalp zwitschert munter sein Lied, es legt sich über das Rauschen der Bäume, das Vögelchen hat offenbar viel zu erzählen. Von einem warmen Sommer, dem Fuchs, der sich schleichend über den Waldboden stiehlt, den Schmetterlingen, die im Schein der Sonne tanzen, und all den anderen Erlebnissen. Gerade erst seit wenigen Wimpernschlägen steht man hier – und doch fühlt es sich an, als hätte man nie etwas anderes getan. Die geschäftige Welt so weit weg, jetzt nur noch umgeben von der Stimmung des Waldes.

Waldbaden heißt es dann auch, das Eintauchen in die Natur mit all den Sinnen. Hören natürlich, aber auch riechen und tasten, mit den Füßen, mit den Händen, und die, die sich ganz hingeben wollen, vielleicht sogar mit dem ganzen Körper. Ein wunderbarer Platz dafür ist der Wald um Haste. Mit seiner nur wenige Hektar zählenden Fläche nicht eben groß, aber groß genug für einen Sprung mit dem Herzen. Am besten startet man am Mittellandkanal, da ist man zwar noch nicht im Wald, dafür aber ist der Kontrast am schönsten. Rechts das Wasser, links das Grün der Blätter, und langsamen Schrittes geht man

Beim Wandern auf dem Fernwanderweg begegnet man verwunschenen Bäumen.

dann seinem Ziel entgegen. Schiffe ziehen vorbei, ein Radfahrer grüßt, und schon ist man auf Höhe der Brücke, die die Idenser Straße und die Brinkstraße miteinander verbindet, ein letzter Blick, dann wendet sich der Weg nach links, der Wald empfängt.

In Japan gilt Waldbaden als Medizin. Schon ein paar Minuten reichen aus, heißt es dort, und der Mensch fühle sich wie nach einem Wellnessaufenthalt. Kein Lärm, nichts, was ablenkt, nur der würzige Duft und die Stille der Natur. Und das Gute daran: Zum Waldbaden braucht es nicht viel mehr als eine paar Laufschuhe, das Wetter ist egal, selbst bei Regen hat ein Ausflug ins Grüne seinen Reiz.

Über 40 Kilometer erstrecken sich die Wege im Wald in Haste, zum Kennenlernen bietet sich der Weg entlang der Königsallee an. Nicht ohne Grund ist sie Teil des Europäi-

Ein Schiff geht auf Reisen, und der Spaziergänger ist dabei.

schen Fernwanderwegs E1, den Schildern und dem Lied des Zilpzalps nun folgend, kann man sich also gar nicht verlaufen. Links und rechts blüht und grünt es, immer wieder laden Bänke zum Verweilen ein, Moos legt sich über den Boden, an Baumrinden hangeln sich Wurzeln Lianen gleich den Stamm entlang; und so geht es langsam schließlich wieder Richtung Mittellandkanal zurück. Hier ein Päuschen mit den Bienen, da ein Blick aufs Moos, man fühlt sich wie von guten Freunden aufgenommen.

Tipp: Wer an dem Tag noch mehr erleben möchte, kann anschließend in den knapp sechs Kilometer entfernten historischen Kurpark von Bad Nenndorf fahren. Dort gibt es neben alten Rotbuchen und seltenen Taschentuchbäumen auch Deutschlands größte Süntelbuchenallee zu sehen, märchenhafte Bäume, deren Äste sich ineinander verdrehen zu scheinen.

FAZIT: TIERSPUREN, MOOS UND DER DUFT DER BÄUME IN EINEM KLEINEN, ABER FEINEN WALDGEBIET.

Hin & weg: Mit der Regionalbahn vom Hauptbahnhof in Hannover in etwa 20 Min., dann etwa 30 Min. Fußweg bis zum Mittellandkanal, entlang der Hauptstraße, vorbei am Sportplatz.

Beste Zeit: Ganzjährig.

Dauer & Strecke: 2–3 Std. oder solange es Spaß macht, 4 km.

Ausrüstung: Feste Schuhe, Picknickdecke.

Glückauf

GLÜCK AUF

… im Klosterstollen Barsinghausen

Wer mag, fährt mit der Grubenbahn unter Tage. Aber auch an der frischen Luft gibt es auf dem Gelände der ehemaligen Zeche in Barsinghausen viel zu entdecken: eine Treppe in den Himmel etwa und das weltweit einzige »Wohnzimmer im Freien«.

#Industriekultur #Zollverein #hierundheute #Kohleausstieg

Wo Natur und Geschichte sich treffen: der Zechenpark in Barsinghausen.

Da steht man also mitten in der Geschichte. Vor einem der Fördertürme, hinter einem die Waschkaue und der Zechensaal, ansonsten: Stille. Der Betrieb auf dem ehemaligen Gelände des Klosterstollens in Barsinghausen liegt lange brach, und auch sonst hat man an diesem Nachmittag das Areal weitgehend für sich allein. Die Sonne steht hoch, genau das richtige Wetter für eine Ausstellung unter freiem Himmel im Besucherbergwerk Klosterstollen Barsinghausen.

Gestartet wird auf Höhe des Förderturms, wo eine Infotafel zurückführt in die Zeit, als hier der erste Tiefbauschacht abgeteuft wurde, wie es in der Fachsprache heißt. Im Jahr 1856 war das. Damals diente die Kohle der jungen Industrie in Hannover und der ganzen Region als Energieträger, und zunächst reihte sich über Jahrzehnte ein Erfolg an den anderen. Doch 1957 waren die goldenen Zeiten vorbei, die Zeche schloss, die Belegschaft wurde entlassen und das Gros der Anlage abgerissen.

Nun stünde man nicht hier, hätten sich engagierte Menschen nicht der Historie beson-

---

Hin & weg: Mit der Regionalbahn vom Hauptbahnhof Hannover nach Barsinghausen, von dort weiter mit dem Bus 540 zum Zechenpark. Alternativ mit dem Fahrrad in etwa 1,5 Std. oder das Auto nehmen.

Beste Zeit: Frühling, Sommer, Herbst.

Dauer & Strecke: Mit Zechenfahrt 4–5 Std. Übrigens gibt es neben dem Zechenpark einen kostenlosen Parkplatz für Wohnmobile.

Ausrüstung: Feste Schuhe, warme Kleidung für die Fahrt unter Tage.

Vom Wohnzimmer im Freien geht es mit einem fröhlichen Glückauf hinab in die Tiefe.

nen. Den mit Liebe zum Detail erarbeiteten Hinweisschildern folgend, geht es vorbei an Grubenwagen und Grubenloks. Man fühlt sich in die Zeit hinein, man sieht sich hinein in die Geschichte, man bekommt ein Gefühl dafür, wie Leben und Arbeit sich hier einst miteinander verbanden.

Hinter dem Förderturm folgt man einer Treppe, Himmelstreppe genannt. Sie führt hinauf auf den Deisterpark, Buchen und Birken säumen den Weg – und einige Meter und Erklärschilder weiter findet sich rechts eine Art öffentliches Wohnzimmer. Zwei Sessel stehen dort und eine Couch, es gibt einen Fernseher und ein Fenster, das vom Freien ins Freie führt. Wer mag, lässt sich nieder und hängt seinen Gedanken nach. Wer genug gesehen hat, geht weiter und wirft einen Blick von der Aussichtsplattform ins wunderbare Calenberger Land. 20 Kilometer Luftlinie sind es von hier bis nach Hannover, und fast so weit ist es auch bis zum Steinhuder Meer.

Auf der anderen Seite des Berges führt die Treppe wieder hinunter. Folgt man nun dem Weg, findet man sich auf einer kleinen Lichtung wieder. Auch hier Erklärschildchen zum Zechenpark. Hier noch mal ein Päuschen, da noch einmal ein Blick rundum, dann weiter geradeaus, und am Ende ist man zurück an seinem Ausgangspunkt.

Tipp: Eine Tour mit der Grubenbahn dauert etwa zwei Stunden, dafür sollte man festes Schuhwerk und warme Kleidung (ganzjährig neun Grad) nicht vergessen.

FAZIT: ABWECHSLUNGSREICHER UND SPANNENDER AUSFLUG IN DIE GESCHICHTE.

ROTE FRÜCHTCHEN

#29

Ein sonniger Tag, auf geht's nach draußen. Zum Erdbeerfeld, sich seinen Kuchen selbst verdienen. Das macht Spaß, ist spannend – und auch noch gut für die Figur.

Und als Nachtisch gibt es eine Pause am See.

Weiße Schäfchenwolken schieben sich über den blauen Himmel, ein leichter Wind geht, und wenn man sich ein ideales Wetter für den Ausflug gewünscht hätte, dann wäre es

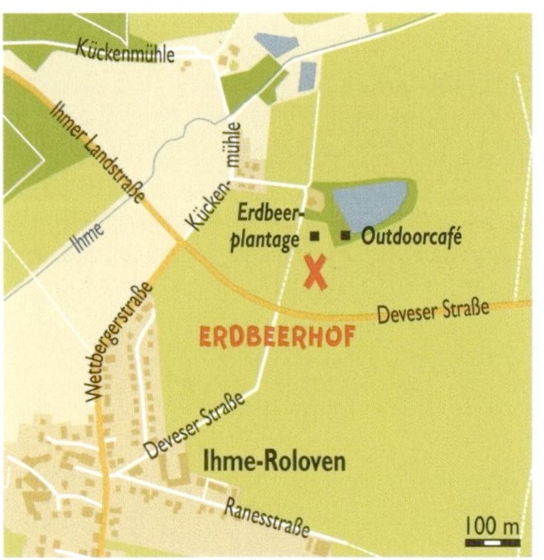

dieses. Der Weg führt, sollte man mit dem Fahrrad kommen, entlang der Hiddestorfer Straße über Ohlendorf, und schon bald sieht man das Schild mit der großen Erdbeere von Weitem. Man könnte es sich jetzt einfach machen und links am Erdbeerstand seine Erdbeeren kaufen. Doch nix da. Erst die Arbeit, dann das Vergnügen, und wenn man ehrlich ist, so schlimm ist es ja nun auch nicht, sich für einen längeren Moment mal auf seinen Knien durch die Erdbeerfelder zu bewegen und zwischendurch immer mal wieder das eine oder andere Früchtchen zu naschen.

Statt die Erdbeeren zu kaufen, holt man sich also an ebenjenem Stand ein kleines Holzkörbchen, es können natürlich auch zwei oder drei sein, ganz nach Belieben. Und dann geht es noch ein paar Meter nach rechts, und schon kann es losgehen. Stück für Stück, die Guten ins Körbchen, die Schlechten ins Kröpfchen; Meter für Meter geht es voran; das Ganze eher Meditation als Arbeit. Und während man sich sonst die kleinen roten Dinger vielleicht eher achtlos in den Mund geschoben hätte, fängt man plötzlich an, die Erdbeere als Ganzes zu sehen. Das satte Rot, die Form, die gelben Körnchen, die sich um die Beere legen, und ahh, wie sie riechen.

Der Erdbeerhof Fricke ist natürlich nicht der einzige dieser Art in der Umgebung, doch dieser Hof wird schon in der zehnten Generation betrieben, seit gut 300 Jahren existiert der Familienbetrieb. Ein paar Meter noch, der Korb ist beinahe gefüllt, und wie er da so sonnenbeschienen zwischen den Beeten

Auf Beerenjagd im Feld zum Selberpflücken – und zur Belohnung warten Erdbeershake und Erdbeertorte.

steht, erfüllt es einen mit Stolz. So, eine noch in den Mund, den Rücken durchgedrückt, die Wölkchen haben sich in nichts aufgelöst, stattdessen zeichnen jetzt Flugzeuge lange Kondensstreifen an den Himmel.

Erdbeerkuchen wäre jetzt schön oder ein gut gekühlter Erdbeershake. Das Gute ist nah: Nur noch ein paar Meter trennen den Wunsch von seiner Erfüllung, denn wer sich jetzt nach rechts wendet, findet sich hinter einem verschlungenen Weg an einem See wieder, davor ein paar Tische und Stühle. Und so wie in der Großstadt sogenannte Pop-up-Geschäfte mit zeitlich befristetem Angebot von sich reden machen, poppt eben auch dieses Freiluftcafé immer nur zur Saison auf, es kommt und geht mit den Erdbeeren. Am Tresen holt man sich die ersehnte Belohnung und lehnt sich mit Blick auf den See entspannt zurück – und fühlt sich gut wie selten.

FAZIT: TOLLER AUSFLUG ZUM STAUNEN UND SCHMECKEN – VOR ALLEM AUCH FÜR DIE KLEINEN.

Hin & weg: Entweder mit dem Auto zur K221 zwischen Devese und Ronnenberg aus Hannover kommend oder mit dem Fahrrad in knapp1 Std. über Ricklingen, Hemmingen, Devese und Ohlendorf.

Beste Zeit: Mitte Mai bis Mitte Juli.

Dauer & Strecke: 4–5 Std. oder solange es Spaß macht.

Ausrüstung: Bei Bedarf Sonnenhut; robuste Arbeitsschuhe, Arbeitshose, gegebenenfalls Arbeitshandschuhe.

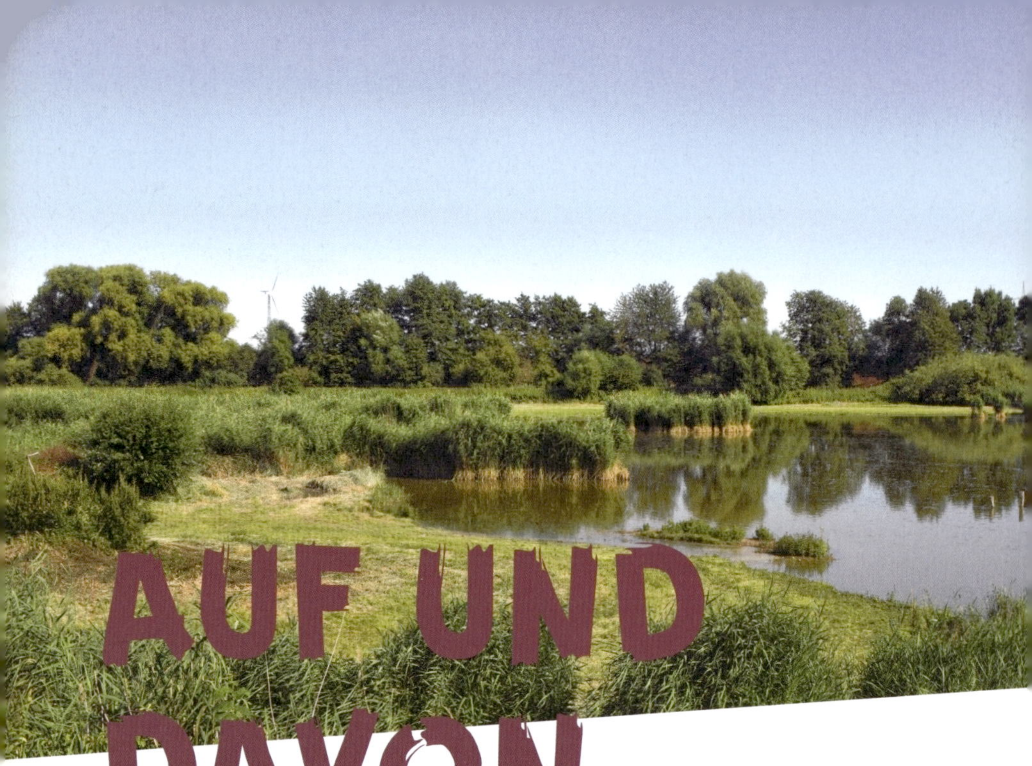

AUF UND DAVON

… an den Stapelteichen in Weetzen

#30

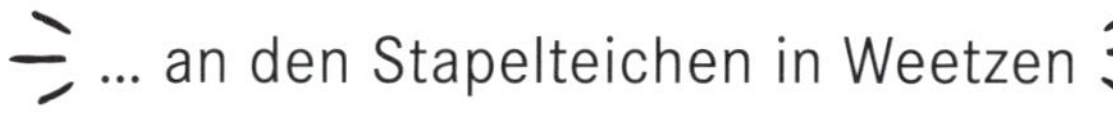

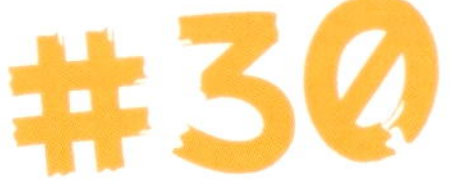

Es gibt sie noch, die Geheimtipps. Einer davon sind die Stapelteiche in Weetzen, verwunschen gelegen und wie aus der Zeit gefallen. Ein Eldorado für Vogelkundler und Naturliebhaber – und ja, es gibt dort auch: Wasserbüffel!

#amWegesrandentdeckt #endlichwiederRuhe #aufstilleArtundWeise

Abkühlung an einem heißen Tag; die Wasserbüffel wissen, was gegen Hitze zu tun ist.

Zuerst traut man den eigenen Augen nicht. Was machen denn die Kühe dahinten im Tümpel? Oder sind das vielleicht gar keine Kühe? Man stutzt. Dann der Aha-Moment: Guck mal, das sind ja Wasserbüffel!! Und tatsächlich. Einen Steinwurf entfernt baden sie, ihre riesigen Hörner ragen aus dem Wasser, gemächlich schreitet die Gruppe voran, als habe sie alle Zeit der Welt und als wäre man mal eben in Asien gelandet. Allein dafür hat sich der Ausflug schon gelohnt.

Die Stapelteiche von Weetzen sind ein Eldorado für Vogelgucker. Früher stand auf dem Gelände eine Zuckerfabrik, heute ist es ein Refugium, das an Schönheit kaum zu übertreffen ist. Der örtliche Naturschutzbund hatte nach der Schließung des Unternehmens zusammen mit der Region Hannover die 6,5 Hektar Wasser- und Wiesenflächen erworben, geschaffen wurde ein einzigartiges Refugium aus Erlen- und Pappeln; Büsche und Dämme spenden geschützten Arten Lebensraum, es

Löcher in die Luft starren und den Büffeln beim Baden zuschauen - an den Stapelteichen kommt die Zeit zum Stehen.

gibt Gänsesäger und Schnepfen, am Ufer steht ein Graureiher, was für eine Idylle.

Der Weg dorthin führt über einen Feldweg; und das Sinnvollste ist es, das Fahrrad zu bemühen. Vom Hauptbahnhof Hannover kann man sich ganz wunderbar entlang der Bahnhofstraße, der Lavesallee, über die Ihme, durch die Kleingartenanlage Rabenhorst stadtauswärts Richtung Ronnenberg und Richtung

Exoten auf der Weide – Wasserbüffel fühlen sich auch in Niedersachsen wohl.

Weetzen arbeiten, immer weiter Richtung Süden, über manchen Stock und auch manchen Stein, und wenn üblicherweise der Weg das Ziel ist, ist es hier etwas anders.

Nach etwas mehr als einer Stunde hat man den kleinen Ort Vörie erreicht, dann biegt man ab nach rechts, die Höhen des Deisters im Rücken. Und schon hier erahnt man, dass es eine gute Idee war, sich auf den Weg zu machen; Schmetterlinge schwirren, der Wind spielt im Korn, und fünf Minuten später ist das Ziel erreicht.

Man geht einen kleinen Hügel hinauf, und dort oben thront die Gert-Wiedemann-Hütte. Der Blick, der einen nach dem Eintritt erwartet, verzaubert. Rechts liegen faul die Wasserbüffel im Teich, Enten schnattern, eine Libelle zieht vorbei; fast könnte man meinen, auf ein Naturgemälde zu gucken.

Wer mag, nimmt jetzt sein Fernglas zur Hand, und dann geht es los, das muntere Vogelraten. Dazu packt man das mitgebrachte Picknick aus, an der frischen Luft schmeckt das Essen gleich noch mal so gut. Und so sitzt man dann da, guckt und kaut, kaut und guckt, sinniert vor sich hin, die Minuten vergehen, der Wind spielt mit den Wolken, man könnte noch Stunden so verharren. Aber das wäre schade, denn es gibt noch mehr zu sehen. Frisch gestärkt geht es weiter; es sind nur wenige Meter den Weg hoch bis zur nächsten Aussichtshütte, auch hier wieder ein Refugium der Stille. Sitzen, warten, staunen.

FAZIT: EIN AUSFLUG MIT GARANTIERTEM AHA-ERLEBNIS.

Hin & weg: Mit dem Fahrrad aus der Stadt in knapp 1 Std. (etwa 15 km) bis Vörie, nach dem Ortsausgang den Weg hinter der Brücke gleich rechts, der Ausschilderung folgen.

Beste Zeit: Frühling, Sommer, Herbst.

Dauer: 5 Std., bei Bedarf aber auch gern länger.

Ausrüstung: Kamera, Vogelführer, Fernglas, Picknick.

LEINEN LOS

... auf Ihme und Leine durch Hannover 

#31

Man kann die Stadt natürlich auch gut mit dem Rad oder zu Fuß erkunden. Vom Wasser aus aber ergibt sich eine lohnende andere Perspektive. Eintauchen, ziehen, eintauchen, ziehen. Der Rhythmus hat etwas Meditatives.

Hoch aufragend die drei warmen Brüder – der blaue Himmel weist den Weg.

Sommer in der Stadt, doch statt sich der Hitze auszusetzen, geht es mit dem Kajak aufs Wasser, der Blick von dort erlaubt neue Perspektiven. Es gibt mehrere Bootsverleiher, das hat den Vorteil, dass man sich Tour und Startpunkt aussuchen kann. Wir starten auf Höhe Stadion am Ferdinand-Wilhelm-Fricke-Weg; eine gut gelaunte Frau heißt willkommen, und dann geht es nach einer kurzen Einweisung auch schon los.

Die Strecke zieht sich über etwa zehn Kilometer, und das ist auch für Anfänger gut zu schaffen. Links zunächst das Wasserkraftwerk des Schnellen Grabens, etwas später rechts die Jugendherberge, die Laune ist wie das Wetter, und als man nach ein paar Paddelschlägen einen Bootssteg erreicht, queren zwei Schwäne den Weg.

Nach dem Ihme-Zentrum, dem gigantischen Wohn- und Bürokomplex, ist man auch schon bald auf Höhe der drei warmen Brüder; aufgereiht salutieren die Schornsteine des Heizkraftwerks Linden dem Besucher. Dann führt der Weg unter der Leinebrücke hindurch, es geht vorbei am Strandleben, einer Bar an genau der Stelle, an der Ihme und Leine zueinander finden. Wer mag, kann hier eine erste Pause einlegen, wer mag, springt mal eben ins Wasser.

Nun geht es rechts auf die Leine, und hinter dem Abzweig wird's dann richtig romantisch; die Weitläufigkeit des Wassers verliert sich, mit dem Ufer ist man fast per Du, und man bekommt einen wunderbaren Blick in

Eintauchen, ziehen, eintauchen, ziehen: eine Tour mit dem Kajak verspricht andere Perspektiven. Ein Pause auf dem Wasser oder nah am Wasser – Möglichkeiten gibt es bei der Tour viele.

die angrenzenden Gärten. Eine Frau liest im Liegestuhl, bei den Nachbarn findet gerade ein Familientreffen statt; Menschen lachen, Geschirr klappert, ein kurzes Grüßen, jetzt geht es unter der alten Steinbrücke entlang bis zum Leineschloss. Hier werden die Boote umgesetzt; gute Gelegenheit für ein Käffchen und noch ein Päuschen. Nur wenig später folgt dann auch schon die letzte Etappe.

Die Kajaks sind gegenüber des Friederikenplatzes ins Wasser gesetzt, hier gleicht das Leine-Ufer einem Dschungel; bedauerlich nur, dass so viel Müll im Wasser liegt. Irgendwann ist aber auch dieser vernachlässigte Abschnitt durchfahren, man ist jetzt auf Höhe Maschsee und damit quasi schon am Ende der Tour. Noch einmal rechtsrum, mit drei Paddelschlägen ist der Ausgangspunkt wieder erreicht, die Stimmung ist immer noch gut, es fühlt sich an wie Kindergeburtstag.

FAZIT: LEICHTE TOUR, AUCH GUT FÜR UNGEÜBTE UND KINDER.

Hin & weg: Mit der Stadtbahn 7 bis Hannover Stadionbrücke, dann umsteigen in den Bus 200 bis Stadionbad, dann noch mal knapp 10 Min. bis zum Sportleistungszentrum am Ferdinand-Fricke-Weg 2a laufen.

Beste Zeit: Sommer.

Dauer & Strecke: 3–4 Std., mit ausgedehnten Pausen länger, 10 km. Mehr Infos zur Tour unter www.leine-erlebnis.de

Ausrüstung: Sonnenhut, Sonnenschutz, Badetuch und eventuell Badesachen.

BALSAM FÜR DIE SEELE

#32

Von Rückepferden und Steuerdieben – die Eilenriede, Hannovers grünes Schmuckstück und zugleich einer der größten Stadtwälder Europas, hat viel zu erzählen. Eine gute Möglichkeit, sich ihr zu nähern, ist ein Hörspaziergang.

#Eilenriede #endlichdraußen #grünesHannover #Waldwunder

Alle Wege führen zum Ziel – und viele durch die Eilenriede. Und egal, ob mit Rad oder zu Fuß, das Grün der Bäume ist eine Wohltat für Augen und Seele.

Für den Ausflug braucht es nicht viel außer Lust, Laune und ein Smartphone. Oder man leiht sich Audiogerät und Kopfhörer kostenlos am Lister Turm. Lister Turm? Genau. Früher beherbergte der Turm, der genau genommen mehr ein herrschaftliches Gebäude ist, Forsthaus und Ausflugslokal in einem; der Biergarten existiert bis heute, ansonsten ist der Lister Turm vor allem aber Jugendzentrum für den Stadtteil. Dort überreicht einem ein freundlicher Mitarbeiter in der ersten Etage die Geräte, dazu gibt es einen Stapel Informationsmaterial und eine Karte. So ausgestattet, kann man nun starten, mit einer kleinen Höreinführung zur Geschichte. Dann geht es gleich weiter Richtung Rasenlabyrinth; weil die Wege allerdings nicht ausgezeichnet sind, lässt sich die Route anhand der mitgelieferten Karte leider nur erahnen. Laut Plan führt der Weg mit einem leichten Bogen nach rechts.

Das Labyrinth ist kein Labyrinth im klassischen Sinn, man kann sich darin nicht verstecken oder verlaufen. Es ist mehr ein Blick von oben als von mittendrin, und die Stimme aus dem Off erklärt derweil, dass es sich dabei um eine christliche Kultstätte handelt.

Weiter geht es bei lautem Vogelgezwitscher durch wunderbaren Wald bis zum Steuerdieb; kein Verkehrsgeräusch lenkt ab, nur Grün, Wald und Wiese, Augen schließen, durchatmen, einatmen, und so geht es mitten in der Stadt weiter durch die Natur. Am Steuerndieb ist der richtige Moment, sich für eine Pause niederzulassen – das Restaurant mit angeschlossenem Biergarten liegt idyllisch

Müde vom Wandern? Dann vielleicht eine Nacht in einer Pension oder in einem Hotel verbringen. Und auch der Zoo ist nicht weit: der Wisent kennt den Weg.

am rechten äußersten Zipfel der Eilnriede Nord. Und während man zugleich Kaffee und Kuchen genießt, hört man einen Exkurs zum Thema Rückepferde.

Nach der Pause führt der Weg zunächst am Bauerngraben entlang und von dort aus mit einem Schlenker nach links zur Königseiche; nebenher lernt man etwas über den Grünspecht, den Schwarzspecht, über das Totholz und seine Bewohner. Elf Stationen umfasst der Hörspaziergang, und während man den Geschichten von Pilzexperten oder Förstern artig lauscht, sitzt oder legt man sich auf eine der vielen Parkbänke und beobachtet derweil die Wipfel der Bäume, auch das ist Balsam für die Seele.

Die Tour beendet man nach Lust, Zeit und Laune und holt sich nach Abgabe des Audiogeräts sein Pfand im Lister Turm zurück.

FAZIT: EINATMEN, DURCHATMEN, AUSATMEN – SPAZIERGANG MIT GARANTIERTEM ERHOLUNGSFAKTOR.

Hin & weg: Mit der Stadtbahn 3 bis Lister Platz, von dort dann 9 Min. weiter zu Fuß oder mit dem Bus 134 in knapp 10 Min. bis Lister Platz, von dort dann weiter bis Lister Turm.

Beste Zeit: Frühling, Sommer, Herbst.

Dauer & Strecke: 3–6 Std., 14 km.

Ausrüstung: Kamera, Vogelführer, Fernglas.

SCHWARZES GOLD IN KLEIN-TEXAS

Tiefe statt Weite: In Wietze steht eines der ungewöhnlichsten Museen Deutschlands. Auf dem Gelände gelang nicht nur die erste Ölbohrung der Welt, man kann sich dort auch hineinfühlen und hineinriechen in die Geschichte. Und hoch hinaus geht es am Ende auch.

#schwarzesGold #historischerOrt #Bohrturm #Erdölmuseum

Vergangene Zeiten: Spurensuche zur Geschichte der Erdölförderung in Wietze.

Es ist einem ja nie aufgefallen, aber Heizöl riecht anders als Petroleum und Petroleum anders als Rohöl. Auch die Farben sind unterschiedlich, das eine mehr orangefarben, das andere schimmert golden. Das Erdölmuseum in Wietze ist etwas Besonderes, allein weil es solche Dinge dort zu entdecken gibt und weil die Geschichte des Hauses auf so vielen Dingen ruht, die den Menschen im Alltag noch heute umgeben, im Guten wie im Schlechten. Denn es werden ja nicht nur Kraftstoff und Heizöl aus Erdöl gewonnen, auch für Kosmetik, Kleidung, Kerzen wird es benötigt, man vergisst das nur schnell.

Das aber lernt man, wenn man im kleinen Wietze unweit von Hannover unterwegs ist. Dort war 1858/59 die erste erfolgreiche Erdölbohrung der Welt gelungen, und innerhalb weniger Jahre entwickelte sich der Ort zu einem Dreh- und Angelpunkt der Ölindustrie; es soll hier damals ausgesehen haben wie in Texas, heißt es. Es gab einen Ölbahnhof, einen Ölhafen, eine Raffinerie, ein kilometerlanges Netz von Feldbahngleisen und Pipelines, es gab Direktorenvillen, Arbeitersiedlungen und den größten Öltank Europas, den gab es auch.

Man kann sich hier prima hineinfühlen, hineinriechen, hineinsehen in die Geschichte, Fördertürme stehen da, eine Förderanlage wurde nachgebaut, und auch wenn manches etwas angestaubt wirkt, bekommt man doch schnell ein Gefühl für die Dimension. 1963 war dann Schluss in Wietze mit dem Reichtum und der Förderung von Öl, und wenn damals auch so etwas wie eine Depression die Region erfasste, ist man hier inzwischen um die Aufarbeitung des Erbes bemüht, der Schutz der Landschaft ist heute wichtig.

Wer will, startet nach dem Museumsbesuch zu einer Radtour rund um die Gemeinde. Über

---

Hin & weg: Anreise mit dem Rad in der Regionalbahn nach Celle und von dort weiter mit dem Bus 800 nach Wietze oder Anreise mit dem Auto und das Rad dann im Gepäck.

Beste Zeit: Frühling, Sommer.

Dauer: Ohne Anreise wenigstens 4 Std. Genug Zeit für Museum und Rundtour einplanen.

Ausrüstung: Proviant, Trinkflasche, Kamera, eine Karte zur Tour gibt es im Museum, Infos unter www.erdoelmuseum.de

---

Wie in Texas soll es hier früher ausgesehen haben, heute führt das Museum durch die Geschichte.

Kopfsteinpflaster geht es vorbei an Steinförde und Wickenburg bis hin zum Ölberg. Dort läuft man die Steigung hinauf und blickt dann über das Aller-Leine-Tal; Windkrafträder drehen am Horizont, Wolken fliegen übers Land. Man mag sich ja täuschen, aber scheint nicht doch noch immer der Geruch von Erdöl in der Luft zu liegen? Und so fügt sich alles wieder zusammen. Vergangenheit, Zukunft, der Lauf der Zeit. Dann steigt man wieder hinab, fährt weiter zur Bannetzer Schleuse bis nach Hornbostel, in die Hutweide, ein Weißstorch stakst über das Gelände, rot gefleckte Rinder grasen – und mit diesen Eindrücken kehrt man dann zum Museum, dem Ausgangspunkt, zurück.

FAZIT: AUSFLUG IN DIE GESCHICHTE UND IN DIE NATUR AUCH FÜR UNTRAINIERTE.

IRRUNGEN UND WIRRUNGEN

#34

Wo bin ich? Wer bin ich, und wenn ja, wie viele? Im Irrgarten im Großen Garten kann man seinen eigenen Augen nicht trauen. Die gute Nachricht aber ist: Alle Wege führen zum Ziel. Manchmal ist es nur eine Frage der Zeit.

#KunstimGarten #Labyrinth #derWegistdasZiel #Erlebnispark

Im Großen Garten trifft sich die Welt, im Labyrinth versucht man, ihr aus dem Weg zu gehen.

Linksrum? Oder doch besser rechts? Vor oder wieder zurück? Vielleicht aber ist es auch egal. Denn der Weg, so heißt es doch, ist das Ziel. Besser also erst einmal durchatmen. Mit den Fingern sanft über die Blätter streifen, den Blick heben und das Gesicht in die Sonne halten. Kein Wind zu spüren. Und auch sonst ist niemand da.

Der Große Garten ist Hannovers großes Aushängeschild, und während sich die Welt dort unter der Fontäne trifft, liegt der Irrgarten etwas abseits vom Geschehen. Von oben sieht er aus, als hätten Riesen ein paar Hecken in Achtecken auf den Boden gestellt; in der Mitte davon thront ein Tempel. Viele Wege führen dorthin, oder ist es doch nur einziger? Mit seinen über 500 Meter langen Hainbuchenhecken gehört der Mitte der 1930er-Jahre

Ein Besuch der Gärten lohnt zu jeder Jahreszeit – auch der Herbst und das Frühjahr haben ihren Reiz.

entstandene Irrgarten zwar zu den kleineren Exemplaren, die Fragen aber, die er aufwirft, sind dieselben seiner großen Artgenossen. Wer bin ich? Wo bin ich? Wo ist der Weg? Wo führt er hin?

Ein Irrgarten ist so etwas wie eine Suche zu sich selbst, heißt es. Wer sich auf dieses Spiel einlassen möchte, biegt hinter dem Haupteingang nach rechts, geht vorbei an der von Niki de Saint Phalle aus buntem Glas und Spiegeln gestalteten Grotte – und los geht's. Das Gute ist, für ein Labyrinth braucht es nichts weiter als die Lust, sich in die Irre führen zu lassen. Den Rest erledigen die Sinne. Sehen. Hören. Fühlen. Der kürzeste Weg, nur so viel sei hier verraten, misst 15 Meter bis zum Inneren, dorthin also, wo in früherer Zeit statt des Tempels eine Vogelvoliere stand. Die anderen laufen links, laufen rechts, und psst, pfeift da nicht gerade jemand ein Lied?

Nach erfolgreichem Suchen und Finden geht es nach dem Labyrinth dringend noch in die Grotte von Niki de Saint Phalle, denn auch dort kann man sich prima treiben lassen. Gleich hinter dem Eingang etwa, wo sich der Raum Spiritualität mit seinen Gelb- und Orangetönen vor dem Leben zu verneigen scheint. Daneben liegt die blaue Halle, sie ist der Nacht und dem Kosmos gewidmet; bunte Frauenfiguren tanzen in den Himmel und greifen nach den Sternen. Wo bin ich? Wer bin ich? Und wenn ja, wie viele?

FAZIT: ABWECHSLUNGSREICHER SPAZIERGANG FÜR ALLE SINNE.

Hin & weg: Stadtbahnlinie 4 oder 5, Haltestelle Herrenhäuser Gärten. Oder mit dem Rad entlang der Herrenhausen-Route über Steintor, Königsworther Platz und Georgengarten.

Beste Zeit: Frühling, Sommer.

Dauer: Wenigstens 4–5 Std. für den Besuch in den Herrenhäuser Gärten einplanen.

Ausrüstung: Decke, Picknick für die Pausen, Buch zum Lesen.

AUF NACH AFRIKA

Es braucht nicht unbedingt eine Flugreise, um sich die Welt zu erschließen. Bis zum Sambesi etwa sind es nur ein paar Minuten mit der Bahn, und was man dort dann erlebt, berührt mit seiner Schönheit.

#Amazonas #abindieTropen #Weltreise

Rosafarben und elegant: die Flamingos, die Schönsten unter den Schönen.

Antilopen, Flamingos, ein Flusspferd döst im Sand und wackelt dazu mit den Ohren. Ein kleiner Junge kommt aus dem Staunen nicht heraus. »Schau mal da, Mama«, ruft er - und zeigt mit der Hand auf eine Giraffe, die ihren Hals hebt und senkt, als würde sie sich vor dem jungen Gast verneigen. Der Junge lacht, so ein großes Tier hat er in seinem Leben noch nicht gesehen.

Afrika liegt in Hannover, im Hannover Zoo, um es genau zu sagen. Und wer dort zu einer Bootsfahrt auf dem Sambesi eingecheckt, erlebt den fernen Kontinent ganz nah. 18 Minu-

Eine Flussfahrt, die ist lustig – und wird neugierig von der Nachbarschaft beäugt.

ten dauert die kostenfreie Fahrt durch die Themenwelt, sie führt durch die Savanne, zwischen roten Hügeln streckt sie sich über 12 000 Quadratmeter. Den Sambesi gibt es dabei tatsächlich; er ist einer der größten Flüsse des afrikanischen Kontinents, er fließt unter anderem durch Angola, Sambia und Mosambik - und in Hannover nun trifft man auf ihn quasi im geschrumpften Format.

Dort die Gazellen, hier die Antilopen, lautlos gleitet das an Metallseilen gezogene Boot über das Wasser. Vögel singen, es zwitschert und trällert - es ist, als würde man tatsächlich durch ferne Länder streifen, die Illusion ist perfekt. Die Bootsfahrt auf dem Sambesi gehört zu den Hauptattraktionen, und es empfiehlt sich, seinen Besuch im Zoo tatsächlich mit der Ausfahrt zu beginnen, am Vormittag ist die Nachfrage am geringsten. Unter Hängebrücken hindurch und an Felsen vorbei geht es dann durch die Landschaft, man sitzt, man staunt, herausgenommen aus der Zeit, ein Ausflug als Kurzurlaub. Und das Gute ist: Selbst mobilitätseingeschränkte Besuchende müssen auf die Fahrt nicht verzichten, alle Sambesi-Boote können einen Rollstuhl aufnehmen, nur E-Rollstühle müssen draußen bleiben, aber für sie wartet ein herkömmlicher Rollstuhl am Steg. Wer mag, schließt an seine Bootsfahrt einen Besuch im Café Kifaru an – oder spaziert zur strohgedeckten Sambesi-Lodge, die den besten Blick von oben auf die Savanne offeriert. Und wer weiß, vielleicht schaut dann auch Familie Giraffe wieder vorbei, dem Futterkorb in luftiger Höhe können die Langbeine normalerweise nicht widerstehen. Afrika – so schön.

FAZIT: SPIEL, SPAß, UNTERHALTUNG – EIN BESUCH WIE EIN URLAUBSTAG.

Hin & weg: Mit dem Bus 134 Richtung Peiner Straße bis Hannover Zoo, von dort Fußweg 5 Min.

Beste Zeit: Ganzjährig.

Dauer: Im Idealfall einen ganzen Tag für eine Fahrt auf dem Sambesi und den gesamten Zoo einplanen.

Ausrüstung: Kamera, Fernglas und Verpflegung.

ABSCHIED VOM SOMMER

... auf dem Wöhler-Dusche-Hof

#36

In der Backstube nach altem Rezept Brot backen, Wäsche waschen wie anno dazumal, und zur Belohnung gibt es ein Stück selbst gemachten Kuchen unter dem Apfelbaum – auf dem Wöhler-Dusche-Hof in Isernhagen wird Geschichte lebendig.

#Landleben #KunstundKultur #früherwarnichtallesschlecht

Spielend Geschichte erfahren – auf dem Wöhler-Dusche-Hof ist das möglich.

Das ist das Schöne an Hannover. Für alle Wünsche, alle Themen und Vorlieben gibt es Radwege. So kann man sich auf der Moorroute von Moor zu Moor arbeiten, auf der Schloss- und Burgentour von Schloss zu Schloss und Burg zu Burg, von Bauernhof zu Bauernhof, von Stadt zu Dorf, von Dorf zur Stadt, man kann sich vom Norden in den Süden bewegen, vom Süden in den Norden, und wenn man dann schon mal auf der Regionalroute vom Maschsee über Vahrenwald, Richtung Fuhrberg unterwegs ist, kann man, nein, sollte man einen Schlenker zum Wöhler-Dusche-Hof nach Isernhagen machen. Der 400 Jahre alte Hof mit seinem gut erhaltenen Ensemble ist einzigartig in der Region, und während man üblicherweise alte Häuser mit viel Staub und trockener Geschichte verbindet, ist das hier anders. In der Backstube kann man Brot backen, in der Waschstube Wäsche waschen wie in früheren Zeiten, und vielleicht tritt gerade auch die Theatergruppe in der Scheune auf.

Der kleine Garten ist ein Traum, und das selbst im späten Sommer noch.

Das Beste ist es, sich den Hof Stück für Stück zu erarbeiten, er gibt viel zu lernen und viel zu erzählen. Aus der Zeit etwa, als die Wöhlers und Dusches noch den Hof betrieben, als man noch mit Hopfen oder der Zucht von Pferden Geld verdiente. Und als man die Balken an den Decken Dössel nannte und diejenigen, die dagegen liefen, das waren die Dussel. Hinter dem Haus findet sich der mit viel Liebe zum Detail angelegte Garten; hier ein Schildchen, dort ein Blümchen, und während der Sommer längst im Gehen begriffen ist, zeigt sich hier noch mal, wie er das so kann mit den Düften und Farben. Lila, blau, gelb, alles blüht, alles grünt, alles noch da und bald schon weg. Also beugt man sich noch mal nieder, fühlt noch mal, riecht noch mal, holt sich den Sommer zurück in die Erinnerung. Ganz beseelt geht man zurück ins Haus und holt sich nach einem Besuch in der guten alten Museumsstube ein Stück von dem selbst gemachten Kuchen und setzt sich damit unter den Apfelbaum. Abschied vom Sommer.

FAZIT: ABWECHSLUNGSREICHER AUSFLUG IN DIE GESCHICHTE MIT DER MÖGLICHKEIT ZUM SCHLEMMEN.

Hin & weg: Mit der Stadtbahn 3 bis Altwarmbüchen, dann mit dem Bus 635 bis Isernhagen. Mehr Infos unter www.bauernhausmuseum-isernhagen.de

Beste Zeit: Frühling, Sommer.

Dauer: Inklusive Anfahrt 4–5 Std.

Ausrüstung: Etwas Kleingeld für Kuchen und eine Spende fürs Museum.

ALT WIE EIN BAUM

... rund um den Benther Berg

#37

Eine 120 Jahre alte Buche, eine spektakuläre Aussicht auf die Skyline von Hannover und ein Fußballweltmeister – eine Tour rund um den Benther Berg ist Zeit- und Weltreise zugleich.

#schöneAussicht #Bergwandern #grünerRing #grünerwirdsnicht

Durch Felder und Wiesen führt die Wanderung und ein Stück auch durch lichten Laubwald, in dem geschlagenes Holz auf den Abtransport wartet.

Der Benther Berg mit seinen 173 Meter Höhe ist vielleicht nicht so berühmt wie seine hohen Kollegen in den Alpen, ein Besuch lohnt sich dennoch. Ergiebiger als der Weg hinauf ist allerdings der Weg herum. Ein guter Ausgangspunkt für die etwa zehn Kilometer lange Tour ist der Parkplatz hinter dem Hotel Benther Berg. Zunächst geht es links einige Minuten durch den Wald; Moos wächst, ein Pilz hält sich an Baumrinde fest, und während Grün noch allgegenwärtig ist, wird sich das in wenigen Tagen ändern. Der Herbst liegt in der Luft, man kann ihn riechen, man kann ihn fühlen, und in dem Moment, in dem man den Wald hinter sich lässt, schweift der Blick weit über das Land, über Felder und Senken bis zum Deister, ein Mann sitzt auf einer Bank und grüßt.

Geht man jetzt weiter Richtung Süden, schiebt sich das Rittergut Erichshof ins Bild, in einem Garten ist der Tisch gedeckt, doch statt zu verweilen, trägt die Reise einen weiter. Vorbei an Feldern, vorbei an Wäldern. Auf der Nordostseite erwartet einen das eigentlich schönste Stück – mit einem eindrucksvollen Blick auf die Skyline von Hannover.

Es gab eine Zeit, da pilgerten Hunderte jedes Wochenenden hinauf auf den Berg, hinauf zu den Terrassen, nachmittags wurde Kaffee getrunken, abends getanzt. Verglichen damit, liegt der Berg heute in einer Art Dornröschenschlaf, und doch, es tut sich was. Wenige Gehminuten weiter nämlich führt der Weg vorbei an einer von Kindern und Jugendlichen renaturierten Streuobstwiese, und links davon geht es hinauf zum entzückenden Kaffee- und

Klein, aber fein, das ist das Motto für eine Tour um den Benther Berg herum. Die Aussicht beeindruckt – und zieht auch Radfahrer an.

Biergarten Waldwinkel. Leider ist das Haus nur freitags und an den Wochenenden geöffnet, deshalb lohnt sich ein Spaziergang oder eine Spazierfahrt zum Benther Berg zum Ausklang der Woche ganz besonders.

Nach einer ausgiebigen Rast ist es auch schon nicht mehr weit bis Benthe und zum Ausgangsort zurück. Unweit des Parkplatzes übrigens wächst eine 120 Jahre alte Buche; in ihr, so heißt es, lebt eine Eule, und wer ganz still ist, hört ihre Geschichten. Sie erzählt von einer Zeit, in der Benthe Weltgeschichte schrieb. Als sich 1974 etwa die brasilianische Mannschaft während der Fußball-WM oben auf dem Berg ins Hotel einbuchte und Fußballgott Pelé hier ein und ausging. Die Welt zu Hause in Benthe.

Tipp: Der Grüne Ring, einer der beliebtesten Rad- und Wanderwege in der Region Hannover, verbindet die Stadt und die Umgebung; Route VIII führt rund um den Benther Berg.

FAZIT: ABWECHSLUNGSREICHE TOUR MIT SPEKTAKULÄREM BLICK AUF HANNOVER.

Hin & weg: Mit dem Rad über den Grünen Ring nach Benthe oder mit Stadtbahn 9 bis Station Am Soltkampe, dann mit dem Bus 580 bis Benther Berg.

Beste Zeit: Frühling, Sommer, Herbst.

Dauer & Strecke: Anreise und Umrundung 4–5 Std., knapp 9 km.

Ausrüstung: Feste Schuhe, bei Bedarf Regenschutz, etwas Geld für die Einkehr.

DAS FÜNFTE ELEMENT

#38

Birken klingen heller als Eichen. Und ein Eichhörnchen spürt genau, wenn sich der Marder anschleicht. Der Wassererlebnispfad im Fuhrberger Feld ist eine Art Wanderung zum Sehen, Hören und Fühlen.

#Wassererleben #Waldwanderer #derWegistdasZiel

Mit Frosch und Hase um die Wette springen und Holz zum Singen bringen.

Etwa 30 Kilometer von Hannover entfernt bettet sich das Fuhrberger Feld ins Land, mit 30 000 Hektar ist es das größte zusammenhängende Wasserschutzgebiet Norddeutschlands. Ebendort liegt inmitten von Wasser und Wiesen der acht Kilometer lange Trinkwassererlebnispfad. Bunt gemalte Waldgeister weisen den Weg, 14 Stationen gilt es abzugehen in einer kleine Runde, es geht darum, sich dem Thema Wasser und Wald in all seinen Facetten zu nähern.

Und so läuft man über weichen Boden durch Wald und vorbei an Wiesen, geht dem Holz auf den Grund, klopft hier, klopft da. Man lernt, dass Laubwald für gutes Wasser besser ist als Nadelwald, lässt am Brunnen Wasser erklingen, hört mit einem riesigen Trichter in den Wald hinein. Man sucht sich selbst in einem aus 2000 Stieleichen und Buchen geschaffenen Waldlabyrinth, und wenn alle Stationen absolviert sind, springt man am Weitsprungplatz mit Reh und Hase um die Wette.

Hier entlang, dort entlang und immer dem Wasser auf der Spur.

Sauberes Wasser ist die Basis des Lebens, Wasser ist die Wiege des Lebens, und der Mensch wäre nichts ohne Wald und ohne Bäume. Insofern ist der Erlebnispfad mehr als nur ein Abenteuer, es ist eine Reise zu den Grundlagen von allem, eine Reise zum Ursprung des Lebens.

Man kann sich den Erlebnispfad erlaufen, man kann ihn sich aber auch erfahren; eine schöne Route führt von Hannover über den Mittellandkanal vorbei an Fuhrberg bis hoch zur Aller. Für den Wassererlebnispfad macht man dann einfach nur einen Schlenker. Und wer genug hat von Wald, Wasser und Einsamkeit, fährt zur Stärkung ein Stück weiter zu einem Erlebnis der anderen Art: im Erlebnisbiergarten Waldkate warten Streichelzoo, Schatzsuche und Hüpfburg.

FAZIT: LERNEND DIE GEGEND ERKUNDEN, DEM WASSER AUF DIE SPUR KOMMEN.

Hin & weg: Anreise mit dem Auto oder mit dem Fahrrad. Der Trinkwasser-Erlebnispfad startet und endet an dem Parkplatz an der Landstraße L310 kurz hinter Fuhrberg Richtung Celle.

Beste Zeit: Frühling, Sommer, Herbst.

Dauer & Strecke: Für den Pfad etwa 3 Std. einplanen, 8 km. Hin- und Rückweg von Hannover in jeweils etwa 2 Std.; für den Rückweg können auch öffentliche Verkehrsmittel genutzt werden. Etwa ab Fuhrberg mit dem Bus (das Rad im Gepäck) bis Großburgwedel, von dort dann weiter mit der Regionalbahn bis Hannover Hauptbahnhof.

Ausrüstung: Gutes Schuhwerk, Kamera, Proviant und etwas zu trinken. Und vielleicht auch ein Fernglas.

KLANG DER STEINE

… auf dem Erlebnispfad in Bennemühlen

Der Herbst macht, was er will. Mal Wind, mal Sonne, mal Regen, den Steinen aber ist es egal. Also folgt man ihnen auf dem Geopfad durch die Wedemark und lauscht den Geschichten von ihrer weiten Reise durch die Zeit.

#bewegteSteine #Gartenkunst #schönsteWedemark

Die Steine haben ihre Spuren hinterlassen, wer sie zu lesen weiß, erfährt auch etwas über die Erdgeschichte.

Die Gletscher der Eiszeit brachten sie auf den Weg. Sie wurden gerollt, sie wurden gestoßen, sie rieben sich mit anderen Steinen aneinander, und mit der Zeit wurden sie immer kleiner. Ihre Geschichten aber sind geblieben, und erzählt werden sie auf dem Erlebnispfad Bewegte Steine.

Der Rundweg führt über die Ostseite des Brelinger Bergs und zählt elf Stationen. Als Start bietet sich der Parkplatz am Friedhof in Bennemühlen an. Von dort geht es links in den Wald hinein, und von nun an überlässt man sich einfach nur noch den Wegweisern. Wenige Augenblicke später steht man vor den Fernrohrsteinen, der Länge nach wurden sie durchbohrt, und wer durch sie hindurchsieht, blickt in die Richtung ihrer ursprünglichen Herkunft. Links der Stein etwa, der kommt aus Stockholm, und der ganz rechts, der hat es von den Aland-Inseln hierhergeschafft. Schön ist das hier, auch die Aussicht.

Und schon geht es wieder weiter, der Weg führt am Wald entlang, dann führt er in den

Bei jedem Wetter eine Runde wert - die Tour entlang des Geopfads.

Wald hinein, plötzlich findet man sich auf einer Wiese wieder, dann führt der Weg wieder hinaus, und man steht vor einer dunklen und einer hellen Steinsäule. Das eine ist Basalt, das andere Granit, und schlägt man mit dem Gummihammer darauf, fangen die Steine an zu singen. Sie klingen tatsächlich unterschiedlich, der helle Granit klingt dumpf und trocken, der Basalt hell und klar.

Die Idee zum Pfad der Steine entstand vor vielen Jahren. Es ging vor allem darum, die Geschichte des Brelinger Bergs so lebendig wie möglich zu gestalten. Am Ende entstand eine Art Rallye, auf der man erfährt, was Blütenpollen über das Wetter aus fernen Zeiten zu erzählen wissen, was Windkanter sind und warum es in der Gegend so viele Findlinge gibt. Und wer will, kann hier durchaus nachempfinden, welchen beschwerlichen Weg die Steine auf ihrem Weg in die Wedemark zurückgelegt haben.

Der Ausflug zu den Steinen lässt sich gut mit einer Tour entlang des Leine-Heide-Radwegs verbinden. Dafür verlässt man den Radweg in Mandelsloh Richtung Helstorf und fährt dann weiter über Abbensen bis zum Brelinger Berg. Wer an einem Sonntag unterwegs ist, sollte unbedingt in Brelingen zu Kaffee und Kuchen einkehren. Dorfbewohner haben das frühere Gasthaus Hemme erworben, jetzt bildet es als Kulturzentrum zusammen mit der Kirche den Mittelpunkt des Ortes.

FAZIT: PERFEKTER NACHMITTAGSSPAZIERGANG FÜR DIE SINNE UND DEN KOPF.

Hin & weg: Mit der Regionalbahn bis Bennemühlen. Oder mit der R4 aus Schwarmstedt bis zum Bahnhof Mellendorf, von dort mit den Bus 696 oder 694 nach Brelingen. Mit dem Fahrrad entlang des Leine-Heide-Radwegs oder auf der L190 die Bahnschranke überqueren, rechts über den Kaffeedamm nach Bennemühlen, circa 300 m weiter Richtung Brelingen und dann rechts in die Straße Am Klagesfeld. Nach 500 m beginnt der Erlebnispfad.

Beste Zeit: Frühling, Sommer, Herbst, auch im Winter ist es schön.

Dauer & Strecke: Für den Pfad etwa 3 Std. einplanen, Rundweg circa 7 km. Hin- und Rückweg von Hannover jeweils etwa 2 Std.

Ausrüstung: Gutes Schuhwerk, Kamera, Proviant und etwas zu trinken.

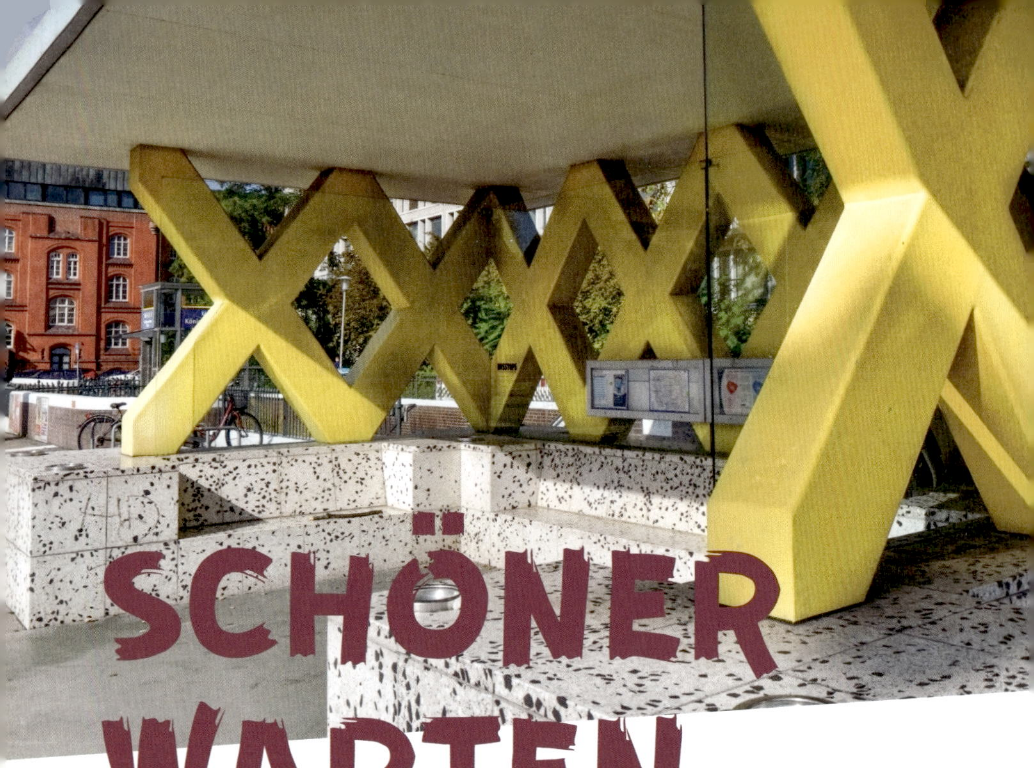

SCHÖNER WARTEN

... an Hannovers Busstops

#40

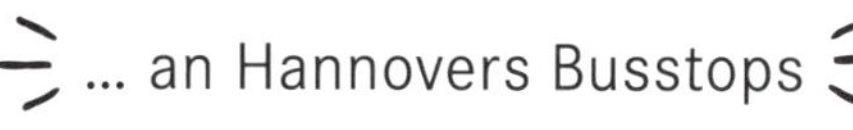

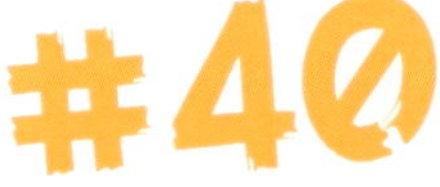

Seit über 25 Jahren wartet Hannover mit einer weltweit einmaligen Kollektion von Haltestellen auf. Neun Busstops, entworfen von renommierten Designern, verteilen sich über die ganze Stadt. Wer sie besucht, soll Warten nicht mehr als verlorene Zeit empfinden.

#busstopart #KunstimöffentlichenRaum #üstra

Gedeckter Tisch und gelb lackierter Stahl am Königsworther Platz (links). Warten im Schutz der Walflosse – der Entwurf von Heike Mühlhaus (rechts).

Die Kunst des Wartens – in Hannover nimmt man das wörtlich. Hier war vor Jahren die Idee geboren worden, das Thema Wartehäuschen international renommierten Designern in die Hände zu geben. Entstanden sind daraus neun spannende Entwürfe, jeder einzigartig, eigenwillig, und selbst wer der einen oder anderen Interpretation womöglich wenig abgewinnen kann, der wird von dem Gesamtprojekt überzeugt sein.

Man nähert sich den Haltestellen entweder, indem man sie mit den entsprechenden Linien direkt anfährt (eine Route eigens für die Stops

Die Haltestelle von Oscar Tusquets Blanca bestiсht durch eine lichte Glasgiebelkonstruktion.

gibt es leider nicht), oder man setzt sich aufs Rad und sucht sich seinen eigenen Weg. Und so arbeitet man sich vielleicht von Osten vor und startet am Congress Zentrum. Bis zum Bau des Hochbahnsteigs hielt hier die Stadtbahn an der elegant-leichten Konstruktion von Oscar Tusquets Blanca. Die Haltestelle wurde allerdings vorübergehend abmontiert und eingelagert, das weitere Verfahren ist aktuell unklar.

Von hier geht es zum Braunschweiger Platz. Der US-amerikanische Architekt Frank O. Gehry hat sich hier verewigt; sein Entwurf ähnelt einem Gürteltier, dessen Edelstahl-Paneele im Sonnenlicht glitzern. Vom Gürteltier geht es zum Aegidientorplatz und damit zu Jasper Morrisons Entwurf. Wer hier wartet, ist von oben und drei Seiten vor Wind und Wetter geschützt. Vor dem Kestner-Museum steht das futuristische fröhlich-grüne Luft-Boot – schade nur, dass es mit der Zeit gelitten hat; man wünscht der Konstruktion neue Farbe. Weiter bis zum Steintor, dort findet sich ein deutliches Statement, der italienische Architekt Alessandro Mendini hat es entworfen; 20 Meter lang, massiv, mit goldenen Kegeltürmen auf den Ecken. Am Königsworther Platz wiederum kommt Mendinis italienischer Kollege Ettore Sottsass zum Zug, Kreuzgitter

Das Steintor mit dem deutlichen Statement des italienischen Architekten Alessandro Mendini (links).
Frank O. Gehrys Entwurf am Braunschweiger Platz ähnelt einem Gürteltier (rechts).

aus gelb lackiertem Stahl tragen das Dach. Herzallerliebst.

Nach Station sechs folgt sieben, im quirligmunteren Stadtteil Linden mitten auf der Limmerstraße grünt und blüht es auf dem Dach am Busstop Leinaustraße. Bleibt noch die eher martialische Arbeit von Wolfgang Laubersheimer in der wenige Fahrminuten entfernten Nieschlagstraße – wer sich beim Anblick an Lautsprecher erinnert fühlt, liegt richtig. Hier werden die Gespräche von der einen Seite auf die andere reflektiert, Warten als Haltestellen-Entertainment.

Um den Kreis zu schließen, geht es wieder Richtung Südstadt und dort zum Maschsee. Wie aus einem Flügel eine Flosse werden kann, zeigt ein Vergleich der ersten Skizzen von Architektin Heike Mühlhaus mit dem tatsächlich realisierten Objekt gegenüber vom Sprengel Museum.

FAZIT: NEUN EINZIGARTIGE HALTESTELLEN IN EINER TOUR.

Hin & weg: Mit dem Rad (Tourenvorschlag siehe GPS-Daten) oder mit dem Bus zu den jeweiligen Stationen; eine Übersicht gibt es unter www.hannover.de, als Suchbegriff Busstops eingeben.

Beste Zeit: Frühling, Sommer, Herbst.

Dauer & Strecke: 3–4 Std., mit Kaffee, Pausen und Sightseeing auch gut ein halber Tag, 12 km.

Ausrüstung: Bei Tour mit dem Fahrrad Packtaschen, gegebenenfalls Regensachen und warme Kleidung, Stadtplan.

---

3. KAPITEL MINIURLAUB

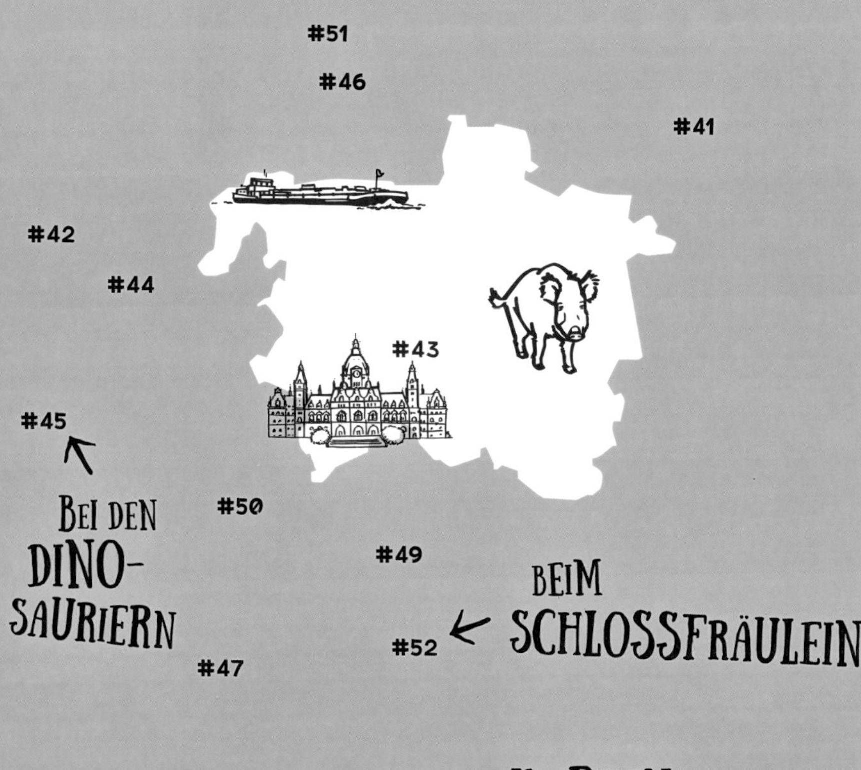

Ferien für ein Wochenende

Beim Fährmann wohnen, ein »Meer« umradeln, im Moor Libellen zählen - es braucht nicht viel für einen kurzen Urlaub vom Alltag.

36H

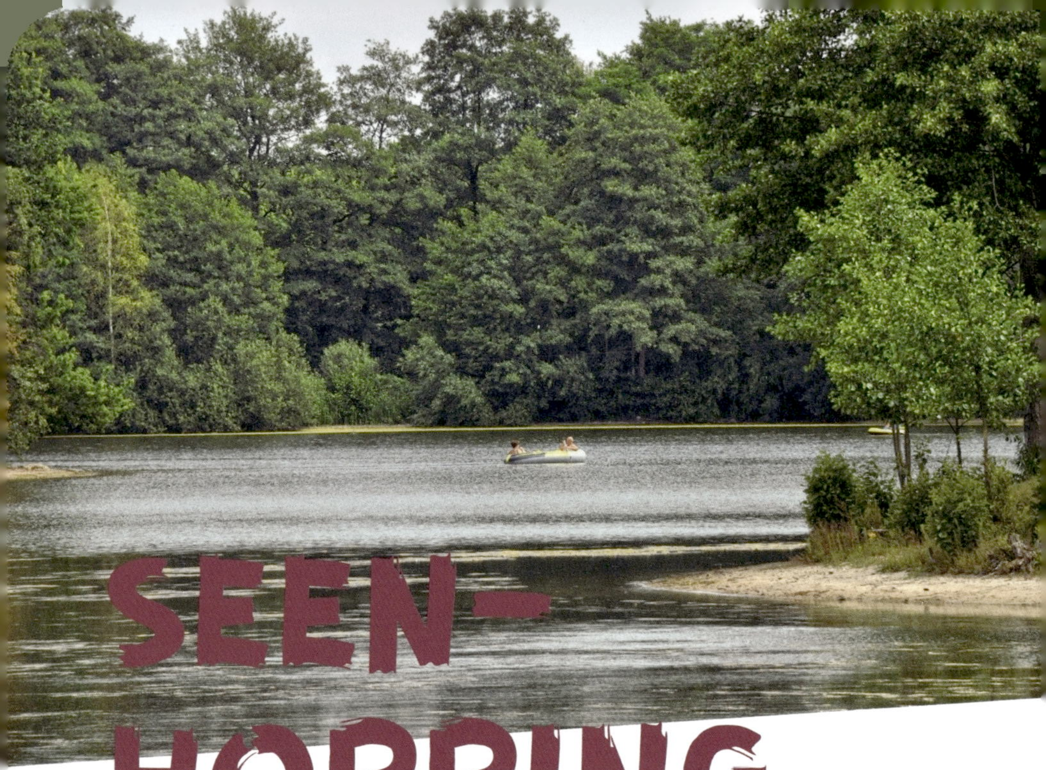

SEEN-HOPPING

... in Uetze am Irenensee

#41

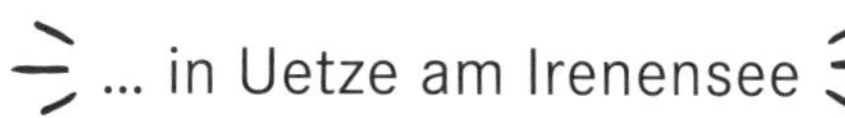

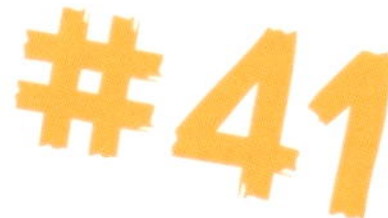

Sobald es warm wird, fährt der Hannoveraner raus an die Ricklinger Teiche oder in eines der vielen Freibäder. Den Irenensee dagegen kennen die wenigsten – dabei lässt sich ein Besuch dort mit einem wunderbaren Ausflug ins Wochenende verbringen.

#Naturpur #Seeumrundung #Zeitfürmich

Idylle mit See, perfekt für ein Wochenende und perfekt zum Ausspannen.

Am besten startet man mit einer Kennenlernrunde, quasi zum Aufwärmen. Die Tour beginnt hinter der Rezeption direkt am Irenensee, von dort geht es dann im Uhrzeigersinn zunächst immer dicht am Ufer entlang. Auf der linken Seite sonnen sich ein paar verlassene Wohnwagen, rechts eröffnet der See sein Panorama; Schwäne ziehen ihres Weges, eine wunderbare Schwere und Stille liegen über der Idylle.

Und so geht es immer weiter geradeaus, und an der Stelle, wo sich eine Brücke über das Wasser legt, verlässt man den Irenensee und findet sich an den Spreewaldseen wieder. Der Name kommt nicht von ungefähr. In zum Teil schmalen Kanälen arbeitet sich das Wasser hier durch die Natur; kleine Bötchen schwimmen vor den Grundstücken, die wiederum mit jedem Schritt immer imposanter werden. Anders als der Irenensee sind die

Ob Spreewaldsee oder Irenensee – schön sind sie beide und verbinden doch unterschiedliche Welten miteinander.

Spreewaldseen Privateigentum, und während es früher den Hausbesitzern nur übergangsweise erlaubt war, dort zu wohnen, hat sich die Regelung inzwischen geändert. Der Besitz eines Grundstücks hier gilt inzwischen denn auch als eine Art Lottogewinn; ein Häuschen so still und grün inmitten der Natur, das ist schon etwas Besonderes.

Hinter der Brücke geht es bis zum Ende des Heidwinkels immer weiter geradeaus, dort biegt man rechts in die Eichentiede, schlägt sich auf die nächste links, folgt der Spreewaldallee, bis sich der Weg wieder gabelt. Rechts halten, Brücke überqueren, und während eben noch Häuser zu beiden Seiten den Weg flankierten, läuft man nun direkt am Ufer entlang, Wald und Wiesen auf der einen Seite, die Seen auf der andere. Und so wandert und wandert man, es geht immer weiter geradeaus, so einsam, so verlassen, und nach einer Stunde etwa hat man die alte Brücke dann wieder erreicht, der Kreis ist geschlossen.

Entweder geht man nun auf derselben Uferseite am Irenensee wieder zurück, belohnt sich oben am Restaurant mit einem Eis und verlegt die Umrundung des Irenensees auf den nächsten Tag. Den Abend könnte man nun auf der Restaurantterrasse mit Blick auf das Wasser ausklingen lassen. Nach einer Nacht im Zelt oder in einem der Apartments beschließt man die Umrundung der Seen am nächsten Morgen. Oder man schließt gleich noch die letzten Meter um den Irenensee an und macht sich am nächsten Tag auf zu einem Ausflug zur sieben Kilometer entfernten Bockwindmühle nach Hänigsen.

FAZIT: SCHÖNER AUSGLEICH ZUM HEKTISCHEN STADTLEBEN.

Hin & weg: Mit dem Rad die etwa 40 km zum Irenensee in knapp 3 Std. über Isernhagen, Kirchhorst, Hülptingsen, durchs Burgdorfer Holz nach Uetze. Oder mit der Regionalbahn bis Burgdorf, von dort weiter mit dem Bus 930 Richtung Uetze bis Dahrenhorst Irenensee.

Beste Zeit: Frühling, Sommer, Herbst.

Dauer & Strecke: 1 Nacht; besser 2 zur Entspannung. Rundtour etwa 10 km.

Ausrüstung: Alles, was man zum Camping braucht. Als Basics Schlafsack, Zelt und Isomatte.

Wenn es Nacht wird: Ab ins Zelt. Wer lieber feste Wände um sich hat, bucht ein Ferienhaus oder ein Storchennest (www.irenensee.de).

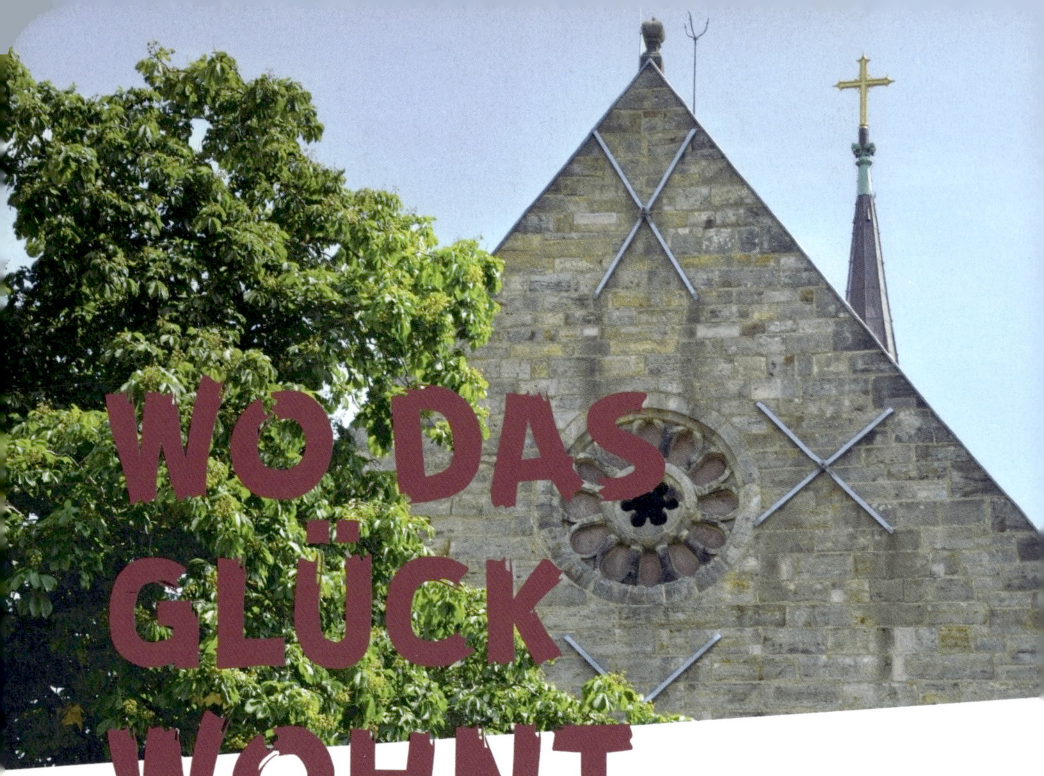

WO DAS GLÜCK WOHNT

... im Klosterwald von Loccum

#42

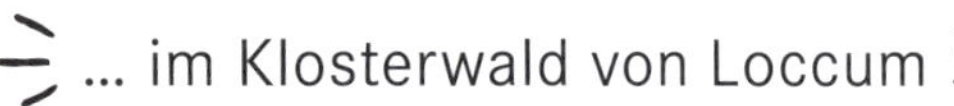

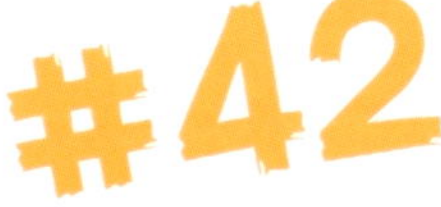

Das Kloster Loccum ist nicht nur das bedeutendste Zisterzienserkloster Niedersachsens, auch der unter Landschaftsschutz stehende Klosterforst mit den dazugehörigen Teichen ist eine Reise wert.

#Pilgerhütte #Wanderlust #zurBesinnungkommen #Waldbaden

Die Klosteranlage steht den Besuchern offen, frei nach dem Motto der Zisterziensermönche: »Das Tor ist offen, das Herz umso mehr.«

Die Größe überrascht dann doch: 650 Hektar umfasst der Forst des Klosters Loccum, er liegt etwa zehn Kilometer vom Steinhuder Meer entfernt, und wer dem Trubel der Saison dort entgehen möchte, ist hier gut aufgehoben. Der Wald ist durchzogen von Rad- und Wanderwegen, unter den Eichen, Buchen und Eschen liegt angenehmer Schatten; ansonsten: Stille, Frieden.

Am besten startet man von der Marktstraße kommend, an der Ecke mit der Änderungsschneiderei biegt man in den kleinen Weg hinein, folgt ihm und geht dann solange, bis es links wieder abgeht. Der Blick von dort auf das Kloster, das ist versprochen, ist herzallerliebst, die alte Klostermauer schmiegt sich an die Wiese, und wenn man wollte, könnte man jetzt auf der Bank rasten. Hat man sich

Eins mit sich, eins mit der Natur – beim Besuch in Loccum finden sich Stille und Geborgenheit.

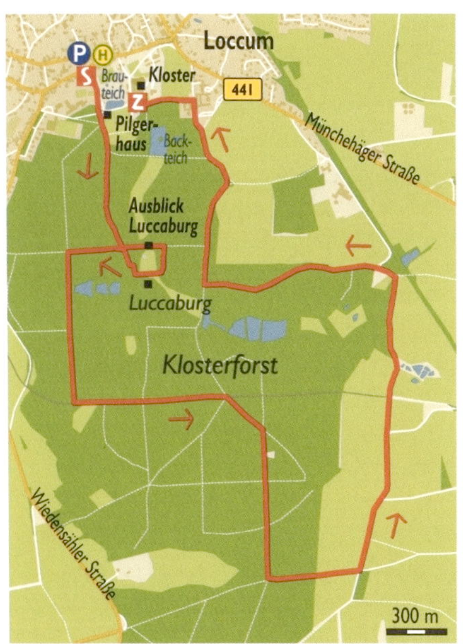

sattgesehen, kehrt man auf den Hauptweg zurück, Kälbchen wärmen sich in der Sonne, man folgt dem Weg solange durch den Wald bis zum nächsten Abzweig und biegt für eine Schleife nach links.

Die Strecke führt an den Resten der Luccaburg vorbei, ursprünglich war sie von einem Wassergraben umgeben, heute sind nur noch Teile ihrer alten Herrlichkeit zu sehen; ein Päuschen, ein Verschnaufen, ein Innehalten, zurück geht's. Und hat man seinen Ausgangspunkt erreicht, folgt man dem Weg nach links, geht an der nächsten Abzweigung wieder nach links; der Boden ist weich, der Schritt federnd, die Finger streichen über den Farn, Moos wächst, Licht bricht durch die Blätter, und bei der nächsten Möglichkeit wendet man sich wieder nach links.

Mitten in Niedersachsen werden seit 1163 christliche Werte und Traditionen gepflegt.

Einst hatten die Mönche die Gegend mit kleinen Gräben durchzogen, darin wurden die Bäche umgeleitet und das Wasser schließlich zu Teichen gestaut. Ein Teich diente als Trinkwasser, der andere wurde zum Waschen genutzt. Wasser war Lebenselixier, man brauchte es zum Antreiben der Mühle, für die Gerberei, für die Schmiede, und das Restwasser wurde schließlich in die Fulde umgeleitet, die man jetzt gerade passiert.

An der Stelle, an der sich wie in einem Stern die Wege treffen, hält man sich schräg links, quert zwei Abzweigungen, an der dritten biegt man wieder nach links, noch mal links, und schließlich geht es so lange geradeaus, bis sich wieder ein kleiner Teich offenbart. Links halten, bei der nächsten Abzweigung rechts, und das Kloster ist wieder erreicht.

Man kann das natürlich alles auch ganz anders machen; es führen viele Wege durch den Forst. Mit diesem knapp dreistündigen Rundgang verschafft man sich einen guten Überblick, man sollte allerdings gut zu Fuß sein.

Die Pilgerhütte lädt zur Nacht ein, sie liegt extrem idyllisch am Brauteich. Am nächsten Tag wird in aller Ruhe das wunderbare Kloster erkundet. Und wer nach der Wanderung Lust auf noch mehr bekommen hat, macht sich auf den Pilgerweg Richtung Volkenroda; die Strecke folgt über 300 Kilometer der Weser, der Leine, der Unstrut - der Weg ein Fluss, das Leben ein Fluss.

FAZIT: EINE WANDERUNG FÜR HERZ UND SEELE – VIELLEICHT AUCH ZU SICH SELBST.

Hin & weg: Vom Hauptbahnhof mit dem Regionalzug nach Nienburg (Weser), von dort weiter mit dem Bus 50 nach Rehburg-Loccum - und genauso wieder zurück.

Beste Zeit: Frühling, Sommer, Herbst.

Dauer & Strecke: 2 Tage, 1 Nacht und vielleicht auch mehr. Rundtour etwa 10 km.

Ausrüstung: Gute Wanderschuhe, Wanderstock, Rucksack mit Proviant, Kamera.

Wenn es Nacht wird: Bescheidene, aber recht günstige Unterkunft im Kloster in sehr idyllischer Lage (www.kloster-loccum.de). Oder sich wahlweise in einem der Ferienhäuser in Rehburg-Loccum einbuchen (www.rehburg-loccum.de).

STADT, LAND, LUST

… mit dem Rad rund um Hannover

Dornröschen, viel Wald und ein Heiliger Gral – eine Tour rund um Hannovers Innenstadt klingt märchenhaft, und ein bisschen ist es das auch. Am besten nimmt man sich viel Zeit dafür. Zum Beispiel ein ganzes Wochenende.

Vorbei am Großen Garten: die Tour verbindet städtischen Alltag und Natur miteinander.

Die Tour beginnt, wo Hannover mit am schönsten ist. Am Maschsee mit dem weiten Blick über das Wasser; Boote segeln, am Himmel tun es ihnen die Wolken nach, und so geht es jetzt auf der Westseite des Ufers Richtung

Linden. Über 35 Kilometer erstreckt sich die Tour, sie führt entlang der Julius-Trip-Route, und wenn man wollte, könnte man die Strecke auch in einem Stück fahren. Der Weg aber ist das Ziel, das war schon immer so, und hier ist es nicht anders.

Etwa auf Höhe der Mitte des Maschsees geht es dann links, dort verbindet der Schnelle Graben die Flüsse Leine und Ihme miteinander. Auf der Seite gegenüber, leicht verborgen hinter dem Sportleistungszentrum, liegt die Fußballarena, für Hannover-96-Fans so etwas wie der Heilige Gral.

Und weiter geht's, jetzt immer schön an der Ihme entlang – wer mag, setzt sich, bevor der Weg über die Justus-Garten-Brücke nach Linden führt, auf der Fährmannsinsel ans Ufer und genießt die Aussicht. Nach der Pause aber hopp, schnell wieder aufgestanden, die Strecke ist zu schön, um schon hier zu versacken. Also rüber über die Brücke, ein kleines Stück am anderen Ufer entlang, bis es bei der nächsten Brücke auch schon wieder auf die andere Seite zurück geht. Nun führt der Weg parallel am Bremer Damm entlang, den Verkehr denkt man sich möglichst weg.

Nach ein paar Metern wird es wieder stiller, und damit geht es dann direkt zu Dornröschen, Hannovers berühmtem Biergarten; von dort aus blickt man direkt auf die Leine. Nach dem Tête-à-tête mit Dornröschen geht es weiter bis zum Wehr Herrenhausen, von dort führt der Rundweg über den Westschnellweg – Ohren zu –, zunächst vorbei an Kleingärten, dann geht es vorbei am Großen

Immer im Kreis – auf der Julius-Trip-Route einmal rund um Hannovers City.

Garten und Georgengarten, links flanieren Touristen, rechts grillen Einheimische Würstchen.

Hinter dem Berggarten werden die Eisenbahnschienen unterquert, und wer nach all dem Gelaufe und Gefahre Lust auf eine Abkühlung verspürt, gönnt sich eine Schwimmpause im Naturbad Hainholz. Und nachdem man dann anschließend auch die betriebsame Vahrenwalder Straße hinter sich gelassen hat, findet man sich auf Höhe Lister Damm in ruhigen Gefilden wieder. Hier nun wäre eine Gelegenheit für eine Übernachtung.

Nach einem ausgiebigen Frühstück führt der Weg am nächsten Morgen weiter durch die Eilenriede; Bäume links, Bäume rechts, der Wald, die Luft, es ist eine Freude. Und so getragen von der Natur, geht es schließlich über die Alte Bult Richtung Maschsee zurück, und ein wunderbarer Ausflug geht zu Ende.

Hin & weg: Mit dem Fahrrad vom Bahnhof in 10 Min. zum Maschsee oder via Stadtbahn 1 bis Döhrener Turm, dann noch 3 Min. bis zum Strandbad Maschsee.

Beste Zeit: Frühling, Sommer, Herbst.

Dauer & Strecke: 2 Tage, 1 Übernachtung, etwas über 35 km.

Ausrüstung: Stadtplan, Packtaschen, Badesachen, Schlafanzug und Hygieneartikel für eine Nacht.

Wenn es Nacht wird: Das Fora-Hotel ist ein typisches Kettenhotel mit sauberen Zimmern (www.fora.de). Am Rand der Eilenriede empfiehlt sich die Gästeresidenz (www.gaesteresidenz-pelikanviertel.de).

FAZIT: PERFEKTER AUSFLUG, UM HANNOVERS GRÜNE SEITE ZU ERLEBEN.

MEHR MEER

Unberührte Natur, eine Burg und ein Strand so weiß wie in der Karibik – das Steinhuder Meer ist ein Paradies für Sonnenanbeter und Radfahrer. Wer außerhalb der Saison kommt, hat die Wege fast für sich allein.

#Fahrradliebe #abaufsLand #SteinhuderMeer #UrlaubvomAlltag

Das Rad dabei – und im besten Fall ein Pausenbrot, so geht es rund um das Meer, das ein See ist.

Das Steinhuder Meer ist nicht eben klein, aber auch nicht unermesslich groß, die Rundtour mit einer Distanz von 32 Kilometern können auch Ungeübte schaffen. Den Weg zu finden, ist nicht schwer; überall dienen kleine Schilder der Orientierung, sodass man sich ganz auf die Natur konzentrieren kann.

Und dann geht es auch gleich los; in Steinhude am Südostufer des Sees, Richtung Westen immer der Lütjen Deile entlang. Als Erstes trifft man dann auf den Aussichtspunkt mit Hütte, eine gute Gelegenheit, über den Holzsteg ein paar Meter übers Wasser zu gehen, kleine Wellen tanzen über die Oberfläche.

Nach dem Stegerlebnis Richtung Hagenburg halten, das Schloss wird passiert. Folgt man weiter den Schildern, hat man dann alles richtig gemacht, wenn sich vor einem der Meerbruch mit seinen Wiesen auftut. Frösche quaken hier bis tief in die Nacht, und mit etwas

Ausspannen auf dem Wasser, die Sonne über allem – Kurzurlaub, wie man sich ihn wünscht.

Glück zieht ein Seeadler seine Kreise. Wer mag, macht in der Beobachtungshütte Südbach eine Rast. Danach führt der Weg weiter Richtung Mardorf, und damit ist auch bereits die andere Seeseite erreicht. Mardorf selbst wirkt derweil ein bisschen wie Travemünde an der Ostsee; mit Booten, die sich im Wasser wiegen, mit einer kleinen Promenade, Menschen flanieren oder sitzen mit einem Bier in der Sonne.

Von hier aus geht es dann weiter zur Weißen Düne, deren Strand selbst aus der Luft gut zu erkennen ist. Badehose angezogen und rein ins Wasser, wie Urlaub fühlt es sich an. Wer ein Zelt dabeihat, schlägt es auf einem der Campingplätze auf und verbringt die Nacht diesseits des Ufers.

Wer kein Freund des Freiluftschlafens ist, radelt weiter; aus der Meer- wird die Moorstraße, es geht vorbei an Birken und kleinen Stegen, und nun hat man endgültig das Gefühl, von der Welt vergessen worden zu sein. Blaubeeren wachsen, Schmetterlinge und

Es sind die kleinen Dinge, die plötzlich ins Auge springen: die Blüte, das Boot, der romantische Weg zum Schloss.

Käferchen tanzen in der Sonne. Und bevor man mit dem Ostufer Wulveskuhlen erreicht, ruht man sich noch eine Weile auf einer der Bänke aus und liest vielleicht im mitgebrachten Reiseführer.

Von hier aus ist es nicht mehr weit bis Steinhude, im Ort selbst das sanierte Scheunenviertel nicht verpassen. Bevor sich die Sonne ganz in den Abend verabschiedet, wird in einem der vielen Cafés und Restaurants noch ein Sundowner genossen.

Diejenigen, die auf der anderen Uferseite übernachten, setzen die Reise am nächsten Morgen mit der Umrundung fort, die anderen verbringen den nächsten Tag am Strand oder planen einen Ausflug zur Festung Wilhelmstein; dort gibt es ein kleines Museum und auch ein Café.

FAZIT: EINE RADTOUR, DIE IN KURZER ZEIT DAS GEFÜHL VON URLAUB VERMITTELT.

Hin & weg: Mit der S2 bis Bahnhof Wunstorf, weiter mit der Buslinie 710, 711, 715 oder 835 nach Steinhude.

Beste Zeit: Frühling, Sommer, Herbst.

Dauer & Strecke: 2 Nächte. Rundtour 32 km.

Ausrüstung: Kamera, Picknick, Picknickdecke, Badesachen, etwas zu trinken, Kleingeld für einen Snack. Campingsachen, wer die Nacht im Zelt verbringen will.

Wenn es Nacht wird: Es gibt eine Vielzahl von Unterkünften in der Gegend, die Tourismusbehörde ist gern bei einer Buchung behilflich.
Wer einmal in einem Bauwagen schlafen möchte, bucht sich in Schneeren ein (tinyurl.com/ydtnxf3u). Wer lieber sein Zelt aufschlägt, etwa hier www.camping-steinhuder-meer.de

---

DEN DINOS AUF DER SPUR

140 Millionen Jahre alte Fährten von Sauriern, manche Spuren so groß wie Handteller – in den Obernkirchener Sandsteinbrüchen kann man den Sauriern und ihrer Geschichte so nah wie nur möglich kommen.

Obernkirchen statt Jurassic Park: Im Sandsteinbruch sollen sich mehr Fußspuren von Raubsauriern finden als sonstwo in Europa.

Die Zeitreise startet auf dem Parkplatz am Jugend- und Freizeitzentrum, dann führt der Weg ein paar Minuten die Steinbruchstraße nach oben entlang, passiert auf der linken Seite einen hohen Sendemast – und links weist bald auch schon ein hoher Stein zum Steinbruch. Weiter geht es durch den Wald, ein Wald so schön wie aus dem Märchen; Vögel singen, Moos in sattem Grün schmiegt sich an den Boden, wer mag, zieht die Schuhe aus und streift mit den Zehen sanft darüber. Kein Auto weit und breit, nichts, was die Ruhe stört. Wichtig ist es, den Weg nicht zu verlassen und sich nicht verwirren zu lassen, die Hinweisschilder sind eher spärlich, zu den Dinosauriern geht es immer weiter geradeaus.

Und so geht man dann und geht, freut sich seiner Dinge, und nach etwa 20 Minuten teilt sich der Weg; man hält sich rechts, geht weiter durch den wunderbaren Märchenwald, und bald hat man dann auch sein Ziel erreicht. Schilder erklären die Funde; sie erzählen von einem Land vor unserer Zeit, als

---

Hin & weg: Anreise mit dem Auto über die A2 oder mit der Regionalbahn und den Rädern nach Stadthagen, von dort weiter mit dem Fahrrad zur Jugendherberge.

Beste Zeit: Frühling, Sommer.

Dauer & Strecke: 2 Tage und1 Übernachtung, gern aber auch mehr. Rundtour circa 7 km.

Ausrüstung: Proviant für die Wanderung zu den Dinosauriern. Gegebenenfalls an Campingequipment denken.

Wenn es Nacht wird: Das Jugend-, Bildungs- und Freizeitzentrum Bückeberg in Obernkirchen bietet für kleines Geld eine saubere, ruhige Übernachtung (tinyurl.com/nhesyrk3). Es ist auch möglich, an der Jugendherberge zu zelten.

Zu den Dinosauriern geht's hier entlang!

die wandernden Iguanoden-Saurier hier durch die Gegend streiften. Die Herden müssen in weiten Bogen gelaufen sein, bis heute sind ihre Spuren noch gut erkennbar. Ein Holzsteg führt darüber, und in der Sonne heben sich die Konturen der Abdrücke gut hervor. Dass sie sich bis heute bewahrt haben, verdankt die Neuzeit den Hurrikans der Vergangenheit; mit enormer Kraft waren sie über das Areal gezogen, Sand legte sich über die Fährten und konservierte sie für die Ewigkeit.

Nach einem ersten Blick ruht man sich dann auf einer der Bänke aus, sinniert über die Vorzeit und tritt anschließend seinen Rückweg an. An der Wegzweigung hinten im Wald jedoch biegt man jetzt nicht nach links, man bleibt auf dem Weg, lauscht dem Rauschen der Bäume, liest die kleinen Schilder, die in unregelmäßigen Abständen über die Region informieren. Ein Specht klopft im Takt gegen den Baum, und wenn sich dann die Strecke erneut teilt, hält man sich links, und das Jugend-, Bildungs- und Freizeitzentrum ist wieder erreicht.

FAZIT: EIN WOCHENENDE MIT HOHEM SPANNUNGSFAKTOR, VOR ALLEM AUCH FÜR KINDER GEEIGNET.

Das Haus liegt in friedlicher Alleinlage, hier lässt sich gut für kleines Geld übernachten, nichts, was stört, nichts, was ablenkt, und den Abend verbringt man dann lesend oder zeltend im Garten. Den nächsten Tag nutzt man für weitere Touren in der Umgebung oder setzt seine Reise zu den Dinosauriern fort; von der Jugendherberge sind es nur etwa 35 Kilometer bis zum Dinopark Münchehagen, und so schließt sich der Kreis.

MYSTISCHE MOMENTE

… am Otternhagener Moor

Das Otternhagener Moor verzaubert mit Stille und Weite – den Besucher begleiten beim Spaziergang schwerelos tanzende Libellen. Der perfekte Platz, um alles hinter sich zu lassen.

#Moorwanderung #dasMoorlebt #MOORIZ

Schritt für Schritt erarbeitet man sich das Moor – und begegnet dabei auch den neugierigen Bewohnern.

Libellen tanzen, Birken wiegen sich im Wind, hohe Gräser bedecken den Boden, und wüsste man es nicht besser, könnte man glauben, sich in den Tiefen des Ostens weit hinter den Ural verirrt zu haben. Das Otternhagener Moor wirkt wie herausgefallen aus der Zeit, und ein bisschen ist es das wohl auch.

In früheren Zeiten waren weite Teile von Niedersachsen von Mooren bedeckt, mit zunehmender Industrialisierung aber verschwanden große Flächen von den einst 250 000 Hektar; heute sind nur noch fünf Prozent des Landes moorig. Eines davon ist das Otternhagener Moor, der Weg dorthin beginnt in Otternhagen. Man startet auf der Kranichstraße, ein Schild empfängt die »Wandersleut«. Am Wegweiser zum Otternhagener Moor biegt man nach links, und von dort aus lässt man sich treiben, bestaunt das Wachsen und Gedeihen, vielleicht verscheucht ein erfrischender Regen die Hitze des Sommers.

Kein Mensch ist zu sehen, um einen herum nur das Moor, ein Moor, so friedlich wie ein Vöglein. Querfeldein zu laufen, ist strengs-

tens untersagt, Flora und Fauna stehen unter Schutz. Der Weg führt direkt am Rand des Moors entlang; und damit der Mensch eine Sensibilität für das entwickelt, was ihn umgibt, erklären in unregelmäßigen Abständen Hinweisschildchen die Besonderheiten in diesem Naturreservat – Moore gibt es leider immer seltener in Deutschland.

Der Weg ist ein Rundweg, da lässt sich also nicht viel falsch machen, und so bleibt hinreichend Zeit, sich auf die kleinen Dinge zu

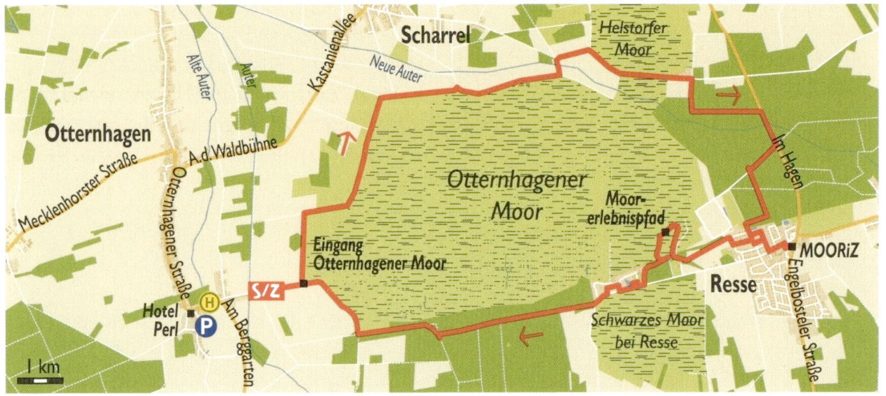

Weit und breit niemand in Sicht, das Moor lebt in seinem eigenen Rhythmus.

konzentrieren. Wie sich etwa das Licht in den Regentropfen auf den Blättern bricht. Wie die Mücken tanzen. Über 18 Kilometer führt die Strecke, wem das zu weit ist, der macht nach einer Teilstrecke kehrt, der andere läuft bis zum Ende der Tour und kehrt in Reese auf einen stärkenden Kaffee ein. Von dort aus geht es dann mit dem ÖPNV nach Otternhagen zurück, oder man fährt mit dem Taxi.

Am nächsten Tag steht das Moorinformationszentrum MOORIZ auf dem Programm und anschließend noch ein Schlenker zum Moorerlebnispfad. Oder man bricht sogar auf zu einer Tour entlang der Nordhannoverschen Moorroute, die über 100 Kilometer sieben verschiedene Moorgebiete miteinander verbindet. Moor geht nicht.

FAZIT: STILLE UND WEITE, SCHÖNER KANN EINE WANDERUNG DURCHS MOOR KAUM SEIN.

Hin & weg: Mit der Regionalbahn bis Neustadt am Rübenberge, dann weiter mit dem Bus 490 bis Otternhagen Kranichstraße.

Beste Zeit: Frühling, Sommer, Herbst geht aber auch.

Dauer & Strecke: 2 Tage, mindestens 1 Nacht, Rundweg 18 km.

Ausrüstung: Möglichst wenig Gepäck; aber Kamera und Proviant für die lange Strecke.

Wenn es Nacht wird: Das Hotel Perl in Otternhagen bietet klassische Zimmer der Mittelklasse mit gutbürgerlicher Küche, es liegt an der Wanderroute E1 (www.hotel-perl.de). Mehr Infos zum Moorinformationszentrum MOORIZ mit Moorerlebnispfad unter www.mooriz.de

---

NATUR PUR

… durch den Saupark bei Springe

Ein weißes Reh, im Unterholz versteckte Schweine und eine verwunschene Mauer, der Saupark von Springe hat viel zu bieten: Natur, so weit das Auge reicht – ohne jeglichen Kommerz.

#Kleinod #Denkmalschutz #Jagdschloss #Tierebeobachten #Springe

Rauf und runter, linksrum, rechtsrum oder einfach nur geradeaus – der Saupark kann auf vielen Wegen erlaufen und erfahren werden. Im Jagdschloss hieß es früher »Weidmannsheil« für gekrönte Häupter.

Das Wisentgehege kennen viele; der nur wenige Kilometer entfernte Saupark aber bleibt den meisten verborgen, dabei ist er einzigartig. In seiner Schönheit und mit seiner Geschichte. Früher war der Saupark Jagdrevier der Könige von Hannover und später des Kaisers, sie hatten dort einst zum großen Halali gebeten. Und die Herren aus Hannover waren es auch, die die zwei Meter hohe und 16 Kilometer lange Mauer um das Areal errichten ließen, das Wild sollte sich nicht zum Fressen bei den benachbarten Landwirten verdrücken, unter Ernst August wurde das Werk 1839 vollendet. Heute steht die Mauer als längstes Baudenkmal Niedersachsens unter Denkmalschutz. Und mit ihr entstand ein 16 Hektar großer Park, so verwunschen, so schön – für kleine und größere Ausflüge passend. Gejagt wird übrigens noch immer; 350 Wildschweine und 50 Stück Damwild im Jahr.

Nun besteht das Leben aus vielen Optionen, das ist mit einem Spaziergang durch den Sau-

Den Rehen, Schweinen und auch den Kleinen in der Natur Gute Nacht sagen, das geht gut im Saupark bei Springe.

park nicht anders; für ein erstes Kennenlernen bietet sich eine Runde um das Jagdschloss an, dort ist auch der Haupteingang. Und so lässt man am Jagdschloss das Tor in der Mauer hinter sich und tritt dort in dicht bewachsenen Wald. Und weil der Saupark von einem Felsenrücken dominiert wird, geht es hier munter auf und ab, schon die ersten wenigen Meter sind in den Beinen zu spüren.

Die Wege sind gut ausgebaut, Schatten legt sich schützend über den warmen Sommertag, Schritt setzt sich vor Schritt, Stunden könnte das so gehen, gucken und schauen, schauen und gucken, hier über die Rinde der Bäume streichen, dort die noch zarten jungen Blätter fühlen, die Augen schließen, die Stille hören. Nach Lust und Laune kehrt man dann zum Jagdschloss zurück, der romantisch gelegene Biergarten lädt ein zu einer Rast, und wer noch Lust auf etwas Bildung hat: Das Jagdschloss beherbergt das Museum für Natur – Jagd – Kultur.

Die Nacht verbringt man in einem der vielen Gästezimmer in Springe, und am nächsten Morgen macht man sich auf zu einer Wanderung quer durch den gesamten Saupark. Der Weg startet an der Coppenbrügger Straße gegenüber der Holzmühle, einem legeren und abgeschiedenen Hotel. Zunächst geht man die Anhöhe zum Park hinauf, durchschreitet wieder ein Tor in der Mauer und folgt dann dem Weg bis zum Ortsrand von Altenhagen, läuft und läuft, und plötzlich – da, ein weißes Reh äst auf der Wiese, so viel Glück muss man erst einmal haben.

FAZIT: EINATMEN, DURCHATMEN, AUSATMEN – ERHOLUNG GARANTIERT!

Hin & weg: Mit der Regionalbahn nach Springe, von dort weiter mit dem Bus 385 zum Jagdschloss. Zurück ab Altenhagen Altenheim mit dem Bus 381 bis Springe Bahnhof, von dort mit der S5 zum Hauptbahnhof Hannover.

Beste Zeit: Frühling, Sommer, Herbst.

Dauer & Strecke: Wenigstens 2 Tage und 1 Nacht, gern länger. Tour 6 km.

Ausrüstung: Kamera, Wanderschuhe, Kleingeld für einen Snack.

Wenn es Nacht wird: Klein und bescheiden ist eine Unterkunft im Energie- und Umweltzentrum in Springe (www.e-u-z.de). Oder man bucht eine Gästewohnung in Springe. Die Seite www.tourismus.meinestadt.de/springe listet eine Vielzahl von Unterkünften auf.

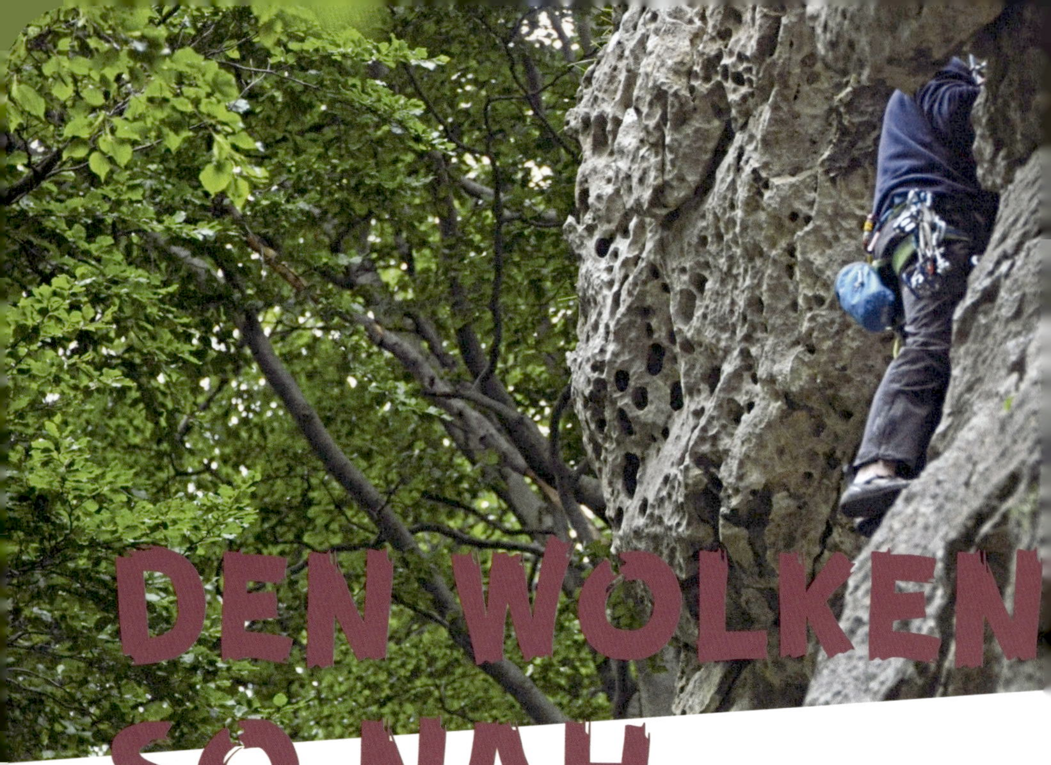

DEN WOLKEN SO NAH

… auf den Lüerdissener Klippen

#48

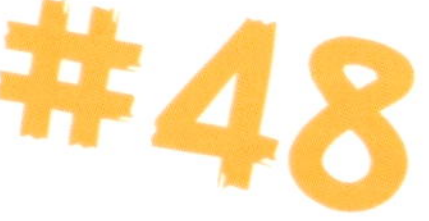

Das Wochenende lässt sich natürlich auch bequem im Bett verbringen. Die Faulenzerei aber hebt man sich besser für die dunklen und nassen Tage auf; stattdessen fährt man zum Ith und erobert auf der Südseite die Klippen.

#dasBesteodernichts #Felsklettern #Berggefühle #Abenteuer

Klettern auf den Klippen garantiert einen Blick mit anderer Perspektive.

Schnell noch im Bistro an der Passhöhe des Iths mit Kaffee und Kuchen gestärkt, und schon geht es links die Bundesstraße 240 ein paar Meter den Weg hinab, an der nächsten Abzweigung rechts, dann bei der nächsten Gelegenheit links, und schon ist man mittendrin im satten Grün. Der Boden so weich, als würde man barfuß über das Moosbeet laufen, alles duftet frisch und würzig, lilafarbene Blümchen wachsen, mit niemandem möchte man in diesem Augenblick tauschen. Es war eben doch die richtige Entscheidung, all die Trägheit hinter sich zu lassen und stattdessen aufgebrochen zu sein zum Ith, Niedersachsens längstem Gebirgszug und nur etwa 40 Kilometer südwestlich von Hannover gelegen, ein Eldorado für Wanderer und Kletterer.

Wer sich jetzt das erste Mal den Lüerdissener Klippen auf der Südseite des Iths gegenübersieht, wird staunen. Stoßzähnen gleich ragen die Felsen bis zu 30 Meter in den Himmel, insgesamt 17 an der Zahl, wie Perlen auf einer Schnur reihen sie sich aneinander und tragen

Raus, abschalten, mehr Abwechslung in den Alltag bringen mit einer Tour über den Ith.

dabei so originelle Name wie etwa Grüner Turm oder Kullerkopf.

Jetzt munter draufloszuklettern, das sollte man besser den Profis überlassen, das geht nur mit Seil und Haken, alles andere wäre lebensgefährlich. Und so folgen die Unerfahrenen dem Treiben der Kletterer mit ehrfurchtsvollem Blick, allein das ist schon ein großes Abenteuer; die Kommandos der Experten tragen sich durch den Wald; Eisen klirrt an den Felsen, und hat man sich dann sattgesehen, erläuft man sich auf dem Bergkamm nach Lust und Laune seinen eigenen Weg. Der Duft des Waldes nimmt einen gefangen, ein Wanderfalke ruft, und am Ende dann kehrt der Wanderer mit dem Wissen zurück, sich einen der schönsten Plätze Niedersachsens erschlossen zu haben.

Die Nacht lässt sich dann sehr gut auf dem nur wenige Meter entfernten Campingplatz der AG Ith verbringen, ein wunderbar stiller Ort in der Natur. Am nächsten Tag bricht man auf zum Kontrastprogramm – nicht angeseilt, sondern abgehoben. Direkt an der Bundesstraße gegenüber legt sich der Segelflughafen Ithwiesen ins Tal. Für einen Besuch folgt man der Segelflugstraße bis zum Vereinsgelände, und Kaffee trinkend auf der Terrasse verfolgt man das Gleiten der Segler durch die Lüfte. So hoch. So weit. Den Wolken Niedersachsens so nah.

FAZIT: WANDER- UND KLETTERTRÄUME WERDEN WAHR AUF DEM LÄNGSTEN KLIPPENZUG NORDDEUTSCHLANDS.

Hin & weg: Die Anreise mit dem ÖPNV ist umständlich, mit dem Auto dagegen bequem in etwas mehr als 1 Std. zu schaffen. Mehr Infos zum Wandern auf dem Ith unter www.ith-hils-weg.de

Beste Zeit: Frühling, Sommer mit guten Wetteraussichten.

Dauer & Strecke: 1–2 Tage oder länger. Wandertour 4 km.

Ausrüstung: Feste Schuhe zum Wandern. Zum Campen Zelt, Schlafsack, Isomatte, Taschenlampe, Mückenschutz, Kerzen oder Lichterketten für die Gemütlichkeit zum Draußensitzen.

Wenn es Nacht wird: Der Campingplatz der AG Ith und des DAV bietet wunderbar gelegene und günstige Plätze. Gruppen mit mehr als 5 Personen sind verpflichtet, sich mindestens 4 Wochen vorher schriftlich anzumelden. An langen Wochenenden wie Ostern, 1. Mai, Himmelfahrt und Pfingsten können Nichtmitglieder und Gruppen nur eingeschränkt aufgenommen werden. Infos unter www.jdav-nord.de/zeltplatz

---

KLEIN, ABER FEIN

… zelten in Arnum

#49

Camping im Sommer kann jeder. Viel schöner, einsamer und stiller aber ist es, im Herbst unter klarem Sternenhimmel das Zelt aufzuschlagen. Zum Beispiel in Arnum am See.

#draußenschlafen #wiederKindsein #simplelife #Camping

Sollen die anderen doch im Sommer zum Campen fahren, viel schöner und einsamer ist es in der Nachsaison, wenn die Stille den Campingplatz übernommen hat. Also schwingt man sich auf sein Fahrrad, lässt den Alltag hinter sich, lässt Hannover hinter sich, und aus Wilkenburg kommend, sieht man am Ortseingang von Arnum auch schon das Hinweisschild: Freizeitwohnen und Campen Arnum.

Man passiert die Rezeption, fragt nach einem schönen Platz, baut das Zelt auf, und das Abenteuer beginnt. Ganz Mutige schwimmen eine Runde im See, das weckt die Lebensgeister, zum Aufwärmen geht es anschließend unter die heiße Dusche.

Warm eingepackt und glücklich sitzt man dann vor dem Zelt, schaut auf den See, schaut in den Himmel, packt den Grill aus, die Flammen tanzen in der Glut. Während man dann so sitzt und wartet, wartet und sitzt, nimmt einen eine wunderbare Schwere gefangen;

Hin & weg: Mit der Buslinie 300 bis Arnum Mitte, dann 15 Minuten Fußweg.

Beste Zeit: Spätsommer, Herbst, frühes Frühjahr.

Dauer & Strecke: 2 Tage, 1 Nacht oder ein verlängertes Wochenende.

Ausrüstung: Zelt, Isomatte, warmer Schlafsack, Taschenlampe, Zutaten für Abendbrot und Frühstück, Waschsachen, Handtücher, Mütze und Handschuhe können nicht schaden. Buch zum Lesen.

Wenn es Nacht wird: Frostbeulen können sich für die Nacht auch in eines der Apartments einmieten. Infos zum Campingplatz mit Seezugang unter www.camping-hannover.de

---

Direkt am See die Ruhe und den Sonnenuntergang genießen, das hat was ... Der Arnumer See ist einfach ein wunderschönes Fleckchen.

rein ins Zelt, rein in den Schlafsack, und im Traum werden heute Sternschnuppen gezählt.

Und weil man für sich das ganze Wochenende Freizeit gebucht hat, radelt man am frühen Morgen zum Bäcker und frühstückt mit frischen Brötchen vor dem Zelt. Tagsüber geht es dann für einen Ausflug durch die nah gelegene Leinemasch, Landschaft dort, so weit das Auge reicht. Alternativ wird der Tag angelnd an den angrenzenden Teichen verbracht, mit einer Aussicht wie in Schweden.

Und wer dann immer noch nicht genug hat, wiederholt das Programm vom Vorabend: Wieder Sternschnuppen zählen, wieder Feuer am See, wieder Schwimmen im kalten Wasser, das Gute liegt so nah, nur zehn Kilometer von Hannover entfernt.

FAZIT: ROMANTIK MIT STERNEN AM HIMMEL UND SONNE IM HERZEN.

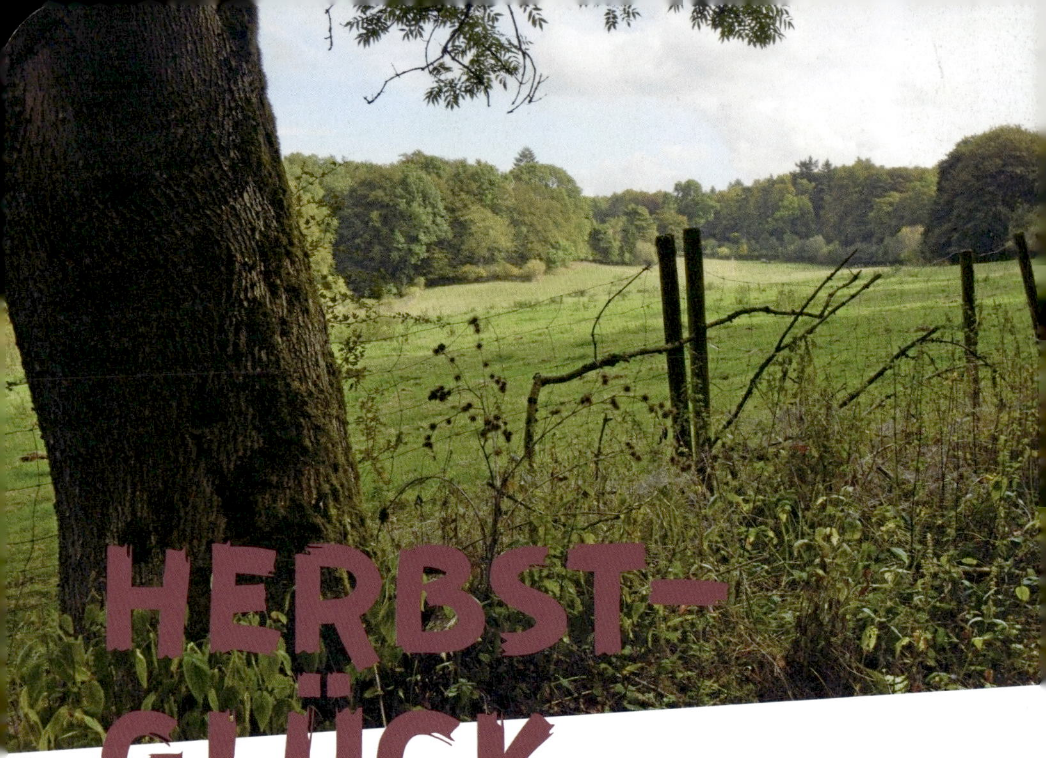

HERBST-GLÜCK

Zugegeben, der Deister kann sich nicht mit der Zugspitze messen. Das heißt aber noch lange nicht, dass sich hier nicht gut wandern lässt. Im Herbst etwa. Dann, wenn der Wald mit seinem Laub in Flammen steht.

Eine schöne Wanderung für den Einstieg beginnt in Springe, dort also, wo sich in unmittelbarer Nähe im Saupark die Schweine Gute Nacht sagen. Für die Route über den Deisterkamm starten die sportlichen unter den Wanderern am Parkplatz Lutherheim, und von dort aus geht es direkt auch gleich in den Wald, die ersten Pilze wachsen, und waren die Waldarbeiter mit ihrem schweren Gerät eben noch gut und deutlich zu vernehmen, verklingen sie schon bald in der Ferne.

Der Boden ist weich, der Schritt federnd, nach ein paar Minuten wird kurz die asphaltierte Jägerallee touchiert, dann aber wendet sich der Weg schon wieder nach links zu den Bäumen. Hier geht es zunächst eher sanft den Berg hinauf, dann wird der Anstieg etwas steiler. Wer nicht ganz so gut zu Fuß ist, verlagert deshalb also besser seinen Wanderstart auf den etwas höher gelegenen Parkplatz Köllnischweg und schenkt sich so den etwas unbequemeren Weg.

Das Wandern ist nicht nur des Müllers Lust – ob alt oder jung, ob zu Fuß oder mit dem Rad, der Deister lädt jeden ein zu einer Tour.

Von nun an aber geht es auf Kiesel- und Sandwegen entspannt Richtung Annaturm, man kann sich kaum verirren. Nur einmal verlässt man kurz den vorgegebenen Pfad und wendet sich für den »Nordblick auf den Deister« nach rechts. Am Horizont drehen sich die Windräder, die abgeernteten Felder legen sich weit ins Bild, mit Glück lässt sich bis tief ins Calenberger Land sehen, mit Glück herrscht klare Sicht.

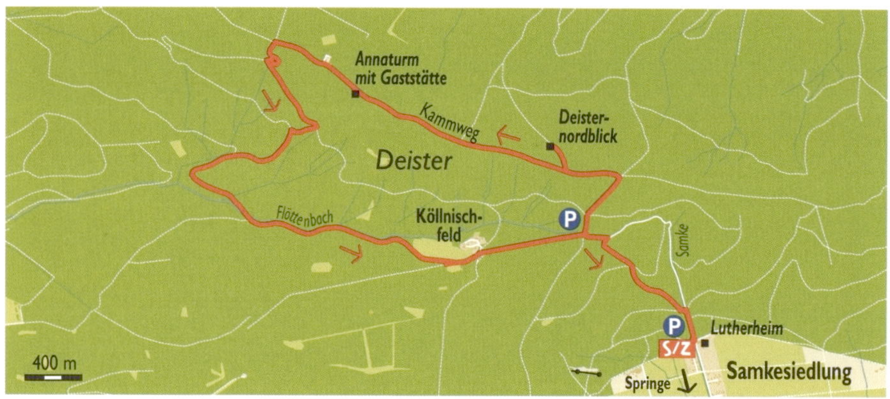

Gerade im Herbst wird ein Ausflug in den Wald zum Erlebnis.

Bald ist dann auch schon der Annaturm erreicht, doch bevor man bei Kaffee und Kuchen pausiert, sollte man sich den Aufstieg nicht entgehen lassen; er kostet nichts, allenfalls etwas Kraft, und die Aussicht nach 117 Stufen ist tatsächlich famos. Der Süntel im Süden und auf der anderen Seite – ahh – Hannover. Benannt ist der Annaturm übrigens nach der Ehefrau des Baumeisters, der den dritten Turm an dieser Stelle hat errichten lassen. Heute erklimmt man Version sechs, statt aus Holz oder Eisen ist das gute Stück jetzt aus Beton gebaut, seinen Namen aber hat der Turm behalten. Nach Annaturm und ausgiebiger Pause in der Waldgaststätte kehrt man durch den stillen Wald wahlweise direkt oder in Schleifen zum Parkplatz zurück.

Den Deister nun nach nur einer Wanderung schon wieder zu verlassen, wäre allerdings schade. Der Bergrücken ist durchzogen von Rad- und Wanderwegen, und das ist auch der Grund, warum Tourismusexperten den Wanderpass ersonnen haben. Einer Schnitzeljagd gleich lässt man sich damit an zwölf ausgewählten Orten seine Wanderungen abstempeln; zur Belohnung gibt es den begehrten Deisterpin. Mit diesem Wissen verbringt man die Nacht in Springe und bricht gut gelaunt am nächsten Morgen zu einer weiteren Tour über den Deister auf. Wie wäre es etwa mit dem Aufstieg zum Nordmannsturm?

FAZIT: ENTSCHLEUNIGUNG IN SCHALLGESCHWINDIGKEIT – JEDER SCHRITT ERHOLUNG FÜR DIE SEELE.

Hin & weg: Mit dem Zug bis Springe Hauptbahnhof, von dort weiter zu Fuß etwa 30 Min. bis zum Parkplatz Lutherheim oder Anreise mit dem Auto.

Beste Zeit: Ganzjährig.

Dauer & Strecke: 2 Tage, 1 Nacht, gern aber mehr. Rundweg etwa 13 km.

Ausrüstung: Gute Wanderschuhe, Trinkflasche, Rucksack mit Regenjacke, Kleingeld für Verpflegung. Infos zum Deisterpass unter www.hannover.de, Infos zum Annaturm unter www.annaturm-deister.de

Wenn es Nacht wird: Direkt am Parkplatz Lutherheim liegt das Tagungshaus Lutherheim, man kann sich dort auch privat einbuchen. Mehr Infos unter www.lutherheim.de. Alternativ eine Ferienunterkunft in Springe mieten.

FERIEN BEIM FÄHRMANN

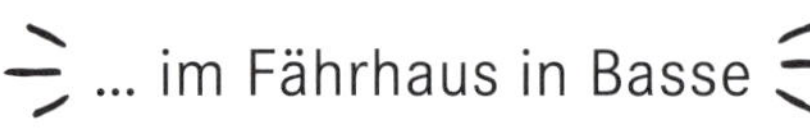

Nah an der Leine bietet sich eine Unterkunft am Wasser an, in einem historischen Fährhaus zum Beispiel. Mit einer langen Geschichte.

Auf Terrasse in der Hängematte liegen und von verbotenen Früchten naschen, Urlaub von der süßen Seite.

Es gab eine Zeit, da mäanderte die Leine einer Schlange gleich durch die Landschaft, und damals gab es auch noch viele Fährmänner. Einer von ihnen hatte sein Einkommen im kleinen Dörfchen Basse, er setzte die Bauern auf die andere Seite des Wassers über, um ihnen den Weg zu ihren Feldern zu erleichtern. Die Tage kamen und gingen, die Generationen der Fährmänner kamen und gingen, doch als eine Holzbrücke errichtet wurde, verlor der damalige Fährmann zumindest vorübergehend seinen Broterwerb. Die erste Brücke wurde allerdings durch Eisgang zerstört, und auch eine neu errichtete Steinbrücke war nicht von langer Dauer.

Der Bau der heutigen Brücke im Jahr 1963 machte dann den Fährbetrieb endgültig überflüssig. Und während sich die Welt heute kaum noch an die Zeit erinnert, als Fährmänner über die Geschicke eines Dorfs bestimmten, existiert immerhin noch das Fährhaus, und wer will, kann darin übernachten.

Mit dem Kauf des Fährhauses erfüllten sich die Besitzer einen Traum, sie selbst leben im Haupthaus. Die Gäste dagegen können auf zwei Etagen quasi in der Geschichte übernachten. Der Blick von der Veranda aus ist prächtig; er geht über die Wiese – und an ihrem Ende liegt die Leine in ihrem Bett.

Von Basse lohnt sich ein Ausflug zum nahen Kloster Mariensee gleich jenseits der Leine – vor allem auch, um sich die Gartenanlagen anzuschauen.

Bei schönem Wetter lässt sich ganz wunderbar der Tag in der Hängematte vor dem Fährhaus verbringen, man schaukelt sich quasi durch die Stunden. Vielleicht zieht man ein paar Runden im kleinen Pool oder guckt bei schlechterem Wetter vom Whirlpool aus Löcher in die Luft. Man kann sich aber auch das Fahrrad schnappen für eine Tour über die Leine bis zum Kloster Mariensee. Hinter den Klostermauern verbirgt sich einer der schönsten Gärten der Umgebung, die Anlage zählt zu den artenreichsten und eindrucksvollsten in ganz Niedersachsen. Nicht entgehen lassen sollte man sich dabei einen Besuch im Klostercafé mit der großen Auswahl an Torten (www.kloster-mariensee.de). Und später kehrt man ins Fährhaus zurück, setzt sich mit einem Glas Wein ans Fenster und trinkt auf das Wohl des Fährmanns.

Am Morgen geht es zu einem Ausflug in die Region, immer an der Leine entlang. Man quert Mariensee, der nächste Ort ist Man-

delsloh mit der romanischen St.-Osdag-Kirche, von dort geht es über Brase nach Niedernstöcken, und während man einen Teil der Osterheide mit ihrer Wald-und-Wiesenlandschaft durchfährt, findet man sich am Eingang zum wunderbaren Aller-Leine-Tal wieder.

In Schwarmstedt dann setzt man sich mit seinem Fahrrad in den Zug und beendet den Ausflug. Oder aber man kehrt mit dem Fahrrad um, fährt mit dem Bus über Neustadt am Rübenberge nach Basse zurück und verbringt eine weitere Nacht beim Fährmann. Alles andere wäre beinahe auch zu schade.

FAZIT: KURZURLAUB, IN DEM MAN DEN ALLTAG IM NU HINTER SICH LÄSST.

Hin & weg: Mit dem Auto, das Fahrrad im Gepäck. Oder mit dem Regionalzug und dem Rad zunächst nach Neustadt am Rübenberge, von dort mit dem Bus 870 nach Basse.

Beste Zeit: Ganzjährig.

Dauer & Strecke: 2–3 Tage, eine Strecke 35 km.

Ausrüstung: Das Fährhaus ist mit einer kleinen Küche ausgestattet, Verpflegung muss mitgebracht werden, einschließlich Kaffee für den Morgen. Bettwäsche und Handtücher inbegriffen. Für die Fahrradtour Fahrradtaschen nicht vergessen.

Wenn es Nacht wird: Fährhaus mit Pool und Hängematte. Mehr Info unter www.airbnb.de

HANNOVER ROYAL

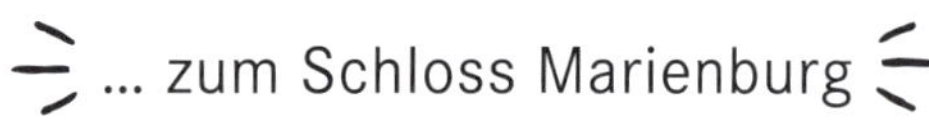

… zum Schloss Marienburg

#52

Das Wetter ist gut, der Sommer liegt in seinen letzten Zügen, eine gute Gelegenheit, ein Wochenende für eine der schönsten Touren durchs Calenberger Land zu nutzen – zu Fuß oder mit dem Rad von Pattensen nach Schloss Marienburg.

#SchlossMarienburg #oldcastle #RitterundPrinzessin

Verzuckerte Ritterburg oder Neuschwanstein des Nordens: Schloss Marienburg.

Man kann sich die Strecke gut erwandern, und so nimmt man vom Alten Rathaus in Pattensen runter den Weg bis zur Ampel, überquert die Straße, hält sich auf der Göttinger Straße links und biegt nach wenigen Schritten auf den kleinen Weg Am Fuchsbach ein. Zunächst begleiten noch Gärten den Weg, doch mit jedem weiteren Schritt nimmt die Natur einen auf – immer weiter trägt sie einen so durchs Fuchsbachtal. Und so geht und geht man dann oder wahlweise fährt und fährt man; die Stimmung ist gut, zur Feier des Tages bäumt sich der Sommer in aller Schönheit noch mal auf, es könnte jetzt für die Ewigkeit so weitergehen.

Am Hinweisschild für sieben Routen durchs »wunderbare Calenberger Land« überquert man die Redener Landstraße, folgt auf der anderen Straßenseite dem Weg über eine

Idylle und Frieden, so weit das Auge reicht, und die Pferde genießen den Schatten.

Holzbrücke, ein paar Meter geht es durch den Wald, danach wird der Blick weit, er geht über die abgeernteten Felder. Statt sich am Ende nach links in Richtung Laatzen zu bewegen, hält man sich rechts. Von hier ist es nicht mehr weit bis Koldingen; und wer nun die schnelle Wegvariante wählt, nimmt die Straße hinter der Ampel bis Ruthe.

Der schönere Weg aber führt links zu den Koldinger und Ruther Seen, dafür folgt man der Hauptstraße bis zu einer Brücke über die Leine und biegt dann nach der ersten Abzweigung nach rechts. Den Verkehr muss man für einige Minuten ausblenden, dann aber wird es wildromantisch. Mit einer Seenlandschaft, wie man sie nur aus dem hohen Norden kennt; Gänse rasten, Schwäne ziehen auf dem Wasser ihre Bahnen, und so geht es weiter bis nach Ruthe.

In Ruthe hält man sich wieder rechts, lässt anschließend Hopfenberg hinter sich; in Schliekum führt die Wasserstraße runter zur Leine, passiert wieder eine Brücke, und weiter geht es vorbei am Strendhorstsee. Hinter einer Eisenbahnbrücke biegt man dann wieder nach rechts und findet sich an den Giftener Kiesteichen wieder.

Hier ist ein guter Platz für eine Pause; danach folgt man dem Jeinser Weg nach rechts, wieder Teiche, wieder romantische Stille, man überquert Felder, man überquert die Leine,

Vorbei an Seen, vorbei an Booten – und das Schloss zumindest gedanklich stets im Blick.

und mit etwas Glück begrüßt der gesamte Ort Jeinsen mit einem Flohmarkt. Wer mag, verbringt die Nacht im Ort – alle anderen ziehen weiter entlang der Landstraße bis nach Schulenburg und von dort weiter bis zur Marienburg. Nach einer stärkenden Pause und einem Blick auf die Burg nimmt man den Bus bis Nordstemmen, verbringt dort die Nacht und wandert am nächsten Morgen die Strecke wieder zurück. Alle anderen nutzen den neuen Tag für den fehlenden Weg auf die Burg und fahren nach einem Aufstieg mit dem Bus entspannt nach Hannover zurück.

FAZIT: LANGES WOCHENENDE AUF EINER DER SCHÖNSTEN TOUREN DURCHS CALENBERGER LAND.

Hin & weg: Mit dem Bus 300 bis Pattensen, von dort weiter bis Schloss Marienburg. Der Weg hat an vielen Stellen Anschluss an öffentliche Verkehrsmittel, so kann die Übernachtung je nach Lust und Laune entlang des Weges selbst gewählt werden. Auch Schloss Marienburg ist gut mit öffentlichen Verkehrsmitteln zu erreichen.

Beste Zeit: Frühling, Sommer, Herbst

Dauer & Strecke: 2 Tage, eine Strecke 23 km.

Ausrüstung: Proviant und Getränke, evtl. Badeoder Regensachen.

Wenn es Nacht wird: Einfache Zimmer vermietet die Pension Burgblick in Nordstemmen. Infos unter www.pension-burgblick.lower-saxony-hotels.com/de

SONST NOCH WICHTIG

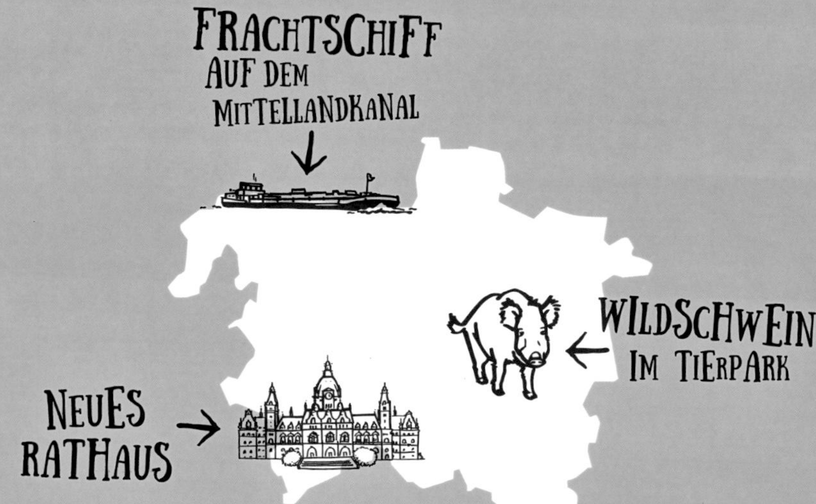

Ein- und Überblick

Karten für den schnellen Überblick, praktische Tipps, mehr über die Autorin sowie ein Ortsregister zum schnellen Nachschlagen gibt es auf den folgenden Seiten.

GPX-Download aufs Smartphone – so geht's

Voraussetzung:

Eine Outdoor-App muss installiert sein, z. B. KOMPASS, Outdooractive oder komoot. Zum Einlesen des QR-Codes benötigen ältere Android-Geräte eine QR-Code-App. Bei neueren Android- und iOS-Geräten ist diese Funktion in der Kamera integriert.

Daten downloaden:

1. Den QR-Code einlesen oder die Webadresse im Browser eingeben, um auf die Eskapaden-Website zu gelangen.
2. Die gewünschte Tour zum Download anklicken.
3. Bei iOS-Geräten werden die GPX-Daten direkt mit der vorab installierten App verknüpft. Bei Android-Geräten muss ggf. noch ein Weiterleiten-Button angeklickt werden (z. B. oben rechts im Display). Manche Apps zeigen den Tourverlauf starr an, andere verfügen über eine Navigationsfunktion.

Tourenverlauf

GPX-Daten zum kostenlosen Download www.dumontreise.de/eskapaden/hannover

short.travel/3kejv

Auf den folgenden Seiten: Die Eskapaden in drei Übersichtskarten in und um Hannover. Die Ziffern stehen für die Eskapaden-Nummern.

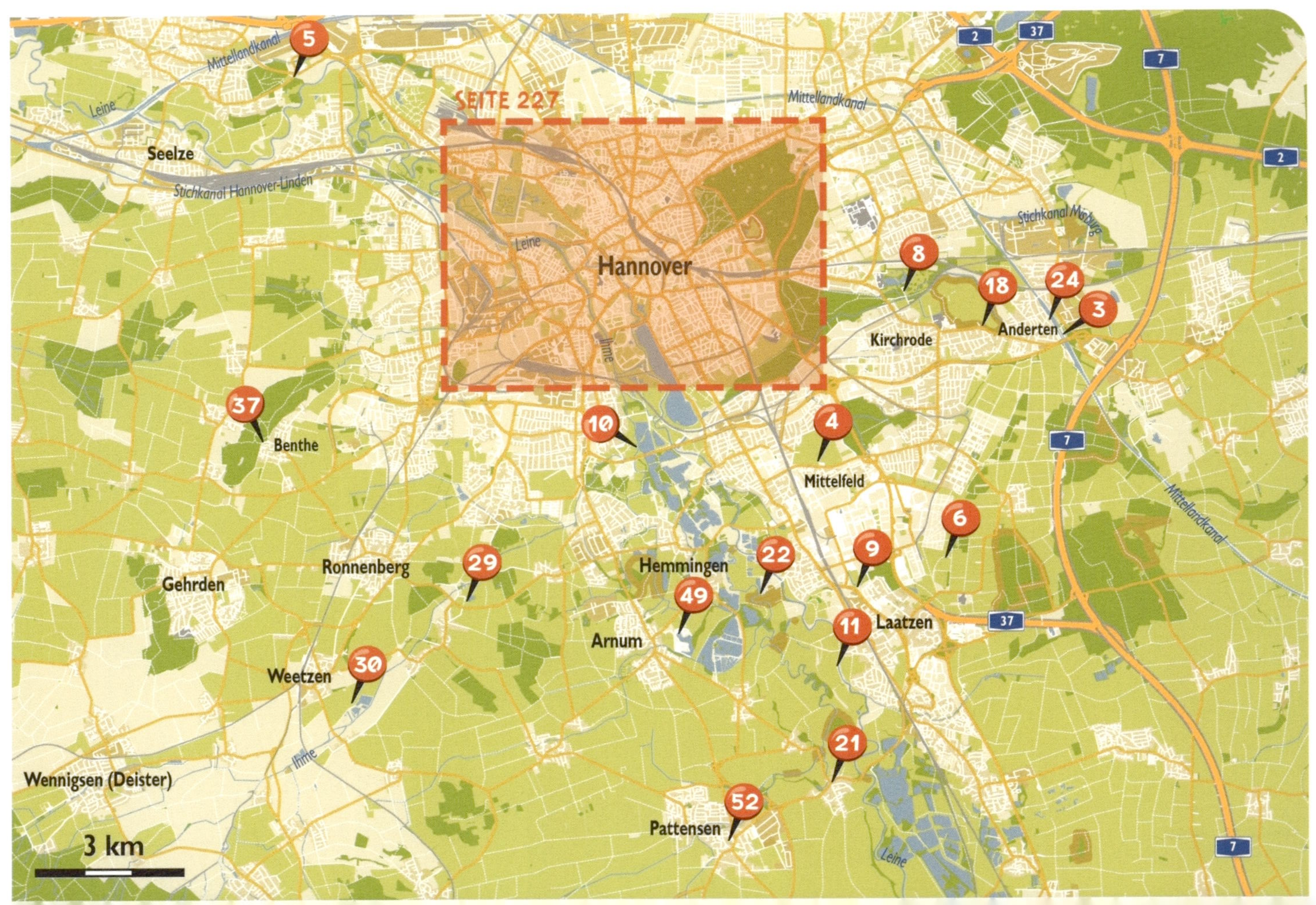

SEITE 227
Hannover
Seelze
Mittellandkanal
Leine
Stichkanal Hannover-Linden
Ihme
Stichkanal Misburg
Kirchrode
Anderten
Benthe
Mittelfeld
Ronnenberg
Gehrden
Hemmingen
Laatzen
Arnum
Weetzen
Wennigsen (Deister)
Pattensen
3 km
5
8
18
24
3
37
10
4
6
29
22
9
49
11
30
21
52
2
37
7

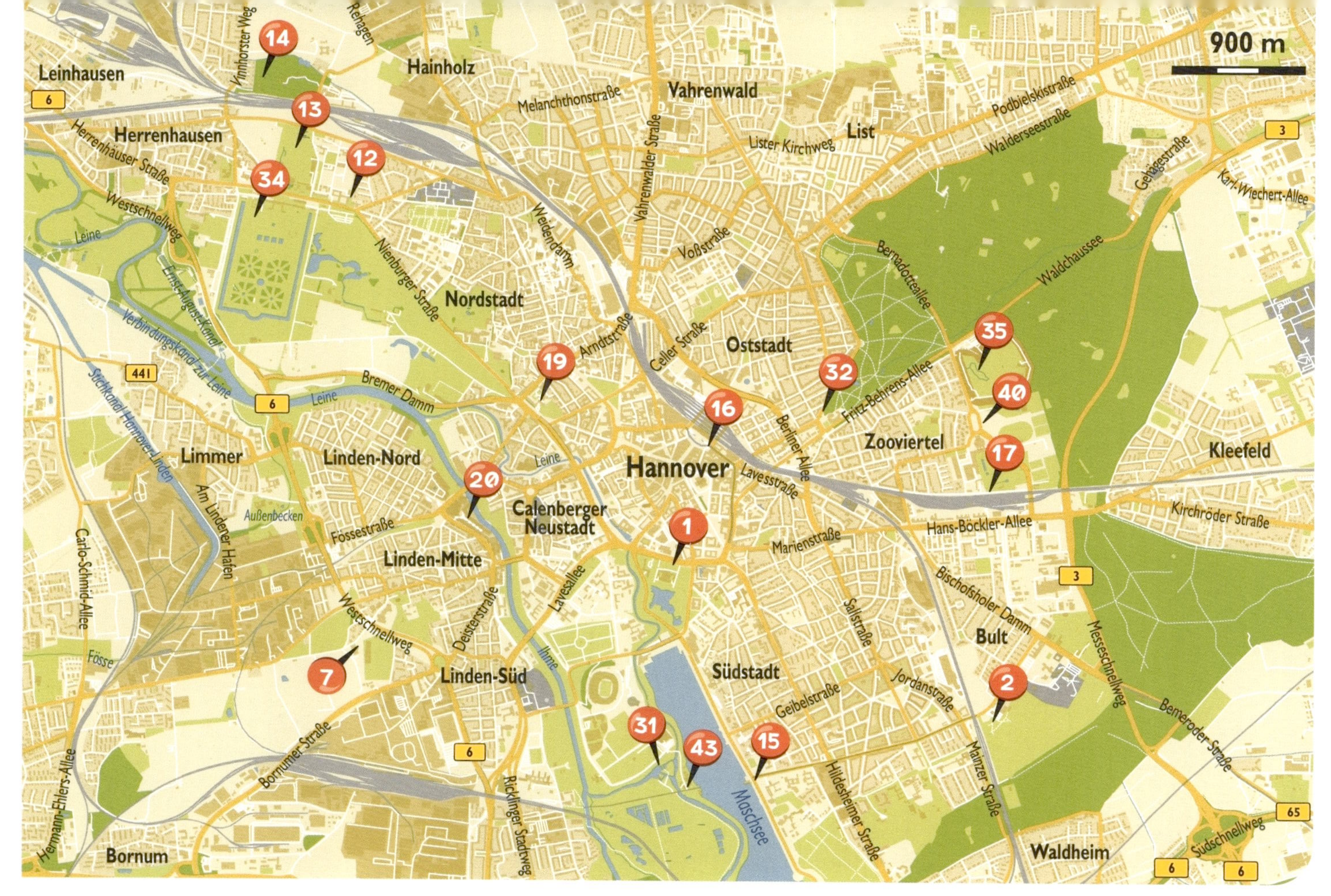
900 m
Leinhausen
Hainholz
Vahrenwald
List
Herrenhausen
Nordstadt
Oststadt
Zooviertel
Kleefeld
Limmer
Linden-Nord
Hannover
Calenberger Neustadt
Linden-Mitte
Linden-Süd
Südstadt
Bult
Waldheim
Bornum
Maschsee
Leine
Ihme
Fösse
Außenbecken
Ernst-August-Kanal
Verbindungskanal zur Leine
Stichkanal Hannover-Linden
Am Lindener Hafen
Carlo-Schmid-Allee
Hermann-Ehlers-Allee
Vinnhorster Weg
Rehagen
Herrenhäuser Straße
Westschnellweg
Nienburger Straße
Weidendamm
Melanchthonstraße
Vahrenwalder Straße
Lister Kirchweg
Podbielskistraße
Walderseestraße
Gehägestraße
Karl-Wiechert-Allee
Voßstraße
Bernadotteallee
Waldchaussee
Arndtstraße
Celler Straße
Fritz-Behrens-Allee
Berliner Allee
Lavesstraße
Bremer Damm
Fössestraße
Lavesallee
Deisterstraße
Marienstraße
Hans-Böckler-Allee
Kirchröder Straße
Bischofsholer Damm
Messeschnellweg
Bemeroder Straße
Südschnellweg
Sallstraße
Geibelstraße
Jordanstraße
Hildesheimer Straße
Mainzer Straße
Bornumer Straße
Ricklinger Stadtweg
1
2
7
12
13
14
15
16
17
19
20
31
32
34
35
40
43
3
6
65
441

NOCH MEHR ESKAPADEN …

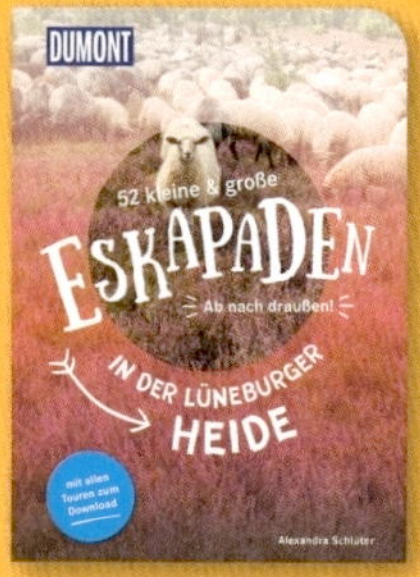

ISBN 978-3-7701-8093-6

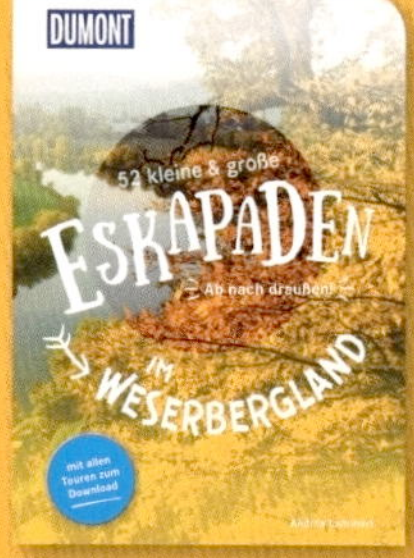

ISBN 978-3-616-02809-5

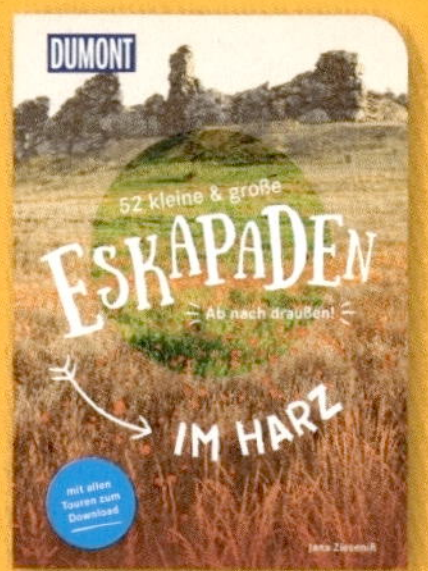

ISBN 978-3-7701-8072-1

… erhalten Sie im gut sortierten Buchhandel und unter www.dumontreise.de

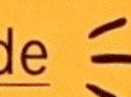

IMPRESSUM

Reihenkonzept Monique Sorban

Projektmanagement Svenja Heinle, Tamara Siedler

Cover-/Buchgestaltung & Illustrationen Carolin Weidemann, Köln, www.weidemann-design.com

Layout & Satz Sieveking Agentur für Kommunikation, München, www.sieveking-agentur.de

Lektorat Gabriele Kalmbach, Köln, www.gabrielekalmbach.de

Texte & Fotos Marion Hahnfeldt, Hannover; mit folgenden Ausnahmen: iStock.com/Marko Beric (Titelseite); Zoo Hannover (S. 148); Ulf-Kersten Neelsen (S. 231 links)

Kartografie © KOMPASS, Innsbruck, unter Verwendung von Kartendaten von © OpenStreetMap-Mitwirkende, Lizenz CC-BY-SA 2.0

Hinweis Alle Informationen wurden mit größtmöglicher Sorgfalt geprüft. Infolge der Corona-Pandemie kann es allerdings zu kurzfristigen Geschäftsschließungen und anderen Änderungen vor Ort gekommen sein.

Printed in Poland

3. Auflage 2024

ISBN 978-3-616-02816-3

www.dumontreise.de

Weiterlesen

Eine Fundgrube an Informationen ist die Website der Tourismusbehörde Hannover, die weit über Unterkunftsangebote und eine Übersicht über aktuelle Termine hinausgeht. Zugleich veröffentlicht die Stadt in regelmäßigen Abständen aktuelles Broschüren- und Kartenmaterial. Man kann es downloaden, wer es lieber auf Papier mag, lässt sich das Material zuschicken: www.hannover.de/tourismus

Geschmackssachen

In Hannover lässt es sich gut durch die lokale Küche probieren, wer es gern deftig mag, sollte Zungenragout, Grünkohl mit Bregenwurst und als Dessert die Welfenspeise testen. Und nicht zu vergessen natürlich: Hannovers Bier. Am besten bei der Tour entlang des roten Fadens (Eskapade #16).

GUT ZU WISSEN ...

Ohne Auto

Es ist immer die bessere Idee, das Auto stehen zu lassen, das schont die Natur und die Nerven. Also lieber den ÖPNV benutzen, Fahrplanauskunft unter www.uestra.de. Die App MyHannover übrigens listet nicht nur Routen auf, sondern auch Events, und ist in jedem Fall eine Empfehlung. Wer das eigene Fahrrad nicht zur Hand hat, kann in der Stadt auf verschiedene Anbieter von Rädern und E-Scootern zurückgreifen.

Sicherheit & Notfälle

Zentrale europäische Notrufnummer ist die 112 - gebührenfrei aus allen Netzen, auch mobil, erreichbar. Feuerwehr und Rettungsdienste werden so alarmiert.

Vor Ort im Netz

Tipps zu Touren finden sich unter anderem auf www.hannover.de und www.visit-hannover.com. Unter www.reiseland-niedersachsen.de gibt es Tipps und Videos zu Hannover und Umgebung.

ESKAPADEN-REGISTER ...

Alle Orte mit Seitenverweisen

MARION HAHNFELDT

... über die Autorin

Marion Hahnfeldt arbeitet als Journalistin und Autorin. Für langfristige Projekte ist sie immer wieder im Ausland unterwegs, daraus entstand www.threemonths.de, ihr Blog. Zuletzt folgte sie den Spuren der deutschen Siedler durch den Mittleren Westen der USA; ihre Arbeit ist als Teil der Dauerausstellung im Auswanderermuseum Ballinstadt in Hamburg zu sehen. Für das Projekt New Life Old Caravan gab sie ihr bürgerliches Leben auf und zog – getrieben von der Frage: Was braucht man wirklich zum Leben? – in einen Caravan an den Stadtrand von Hannover (www.newlifeoldcaravan.de). Dort hat sie die Stadt schätzen und auch lieben gelernt. Sie gibt Workshops zum Thema Bloggen und journalistisches Schreiben, Näheres unter www.marionhahnfeldt.de

Ab in den Wald

Eskapade #50: Wer gern mit dem Mountainbike unterwegs ist: Den Deister kann man sich nicht nur erwandern – auf den Trails Ladies only und Ü30 können Radprofis ihre Geschicklichkeit testen.

Kälte genießen

Eskapade #15: Im Winter bei Frost wird der Maschsee zur Eisbahn. Schlittschuhläufer statt Segler, Eishockeyspieler statt Tretbootfahrer – ein Maschseevergnügen der besonderen Art.

5 BESONDERE EMPFEHLUNGEN ...

Gipfelglück

Eskapade #37: Wie wäre es mit einem Ausflug zum Benther Berg zum Sonnenauf- oder Sonnenuntergang? Die Kamera im Anschlag, ist ein Motiv wie aus dem Bilderbuch garantiert. Eine App zum Anzeigen der blauen Stunde fürs perfekte Foto kann helfen.

Außergewöhnlich schlafen

Eskapade #49: Zurück zur Natur, zu den einfachen Dingen des Lebens – mit Zelt und ohne viel Chichi. Der schönste Platz für einen Sonnenaufgang liegt auf der kleinen Seezunge gegenüber der Wiese für die Wohnmobile.

Urban Gardening im Park

Eskapade #9: Sich Blumen anschauen im Park der Sinne ist das eine, aber selbst welche pflanzen, das geht im Mitmachgarten. Dort kann jeder mitgraben, mitgießen, halt mitternten. Jeder ist willkommen!